Prior La Notte Azzurra oder Die Stimme der Versuchung

Bitte beachten Sie, dass Rezensionen nicht vor dem 27. Februar 2006 erscheinen sollen. Wir bitten um Einhaltung der Sperrfrist. Vielen Dank.

Bitte geben Sie dieses Leseexemplar auch an Ihre Kolleginnen und Kollegen weiter.

Gelesen von *Datum*

Aus dem Englischen
von Veronika Dünninger

Mit Illustrationen
von Tina Dreher

Lily Prior

La Notte Azzurra oder Die Stimme der Versuchung

Roman

Unverkäufliches Leseexemplar

editionLübbe

editionLübbe
in der Verlagsgruppe Lübbe

Die amerikanische Originalausgabe erschien 2005
unter dem Titel *Cabaret – A Roman Riddle*
bei HarperCollins Publishers Inc., New York

Satz: Kremerdruck GmbH, Lindlar
Gesetzt aus der DTL Documenta
Druck und Einband: Friedrich Pustet, Regensburg

Printed in Germany
ISBN-10: 3-7857-1576-5
ISBN-13: 978-3-7857-1576-5

Sie finden die Verlagsgruppe Lübbe
im Internet unter: www.luebbe.de

5 4 3 2 1

Für Christopher

Inhalt

Besetzung

ICH, FREDA LIPPI (GEBORENE CASTRO)
FIAMMA, meine Schwester
PAOLO BALBINI, der Commissario
ALBERTO LIPPI, der Bauchredner
SIGNORA DOROTEA POMPI, Inhaberin des Onoranze Funebri Pompi
PESCO, Fiammas Chauffeur
PIERINO, mein Papagei
POLIBIO NASO, ein Dummkopf, wird Fiammas Ehemann
ONKEL BIRILLO, der Bruder meiner Mutter
TANTE NINFA, Birillos Ehefrau
SIGNOR NABORE TONTINI, mein Nachbar unter mir
DIE PALUMBO-ZWILLINGE, exotische Tänzer im Cabaret-Club Berenice
LUI MASCARPONE, Türsteher und Mädchen für alles im Berenice
GLORIA FANTORELLI, Schlangenbeschwörerin im Berenice
DARIO MORMILE, Impresario des Berenice
AMALTEA, GENOVEFFA } *einige von Albertos Stimmen*
MALCO, Albertos Bauchrednerpuppe
MAMMA, meine schöne Mamma, die bei einem Autounfall ums Leben kommt

MARIA ASSUNTA, die Verwalterin unseres Gebäudes in der Via Giulia
SIGNOR FRANGIOSA, einer unserer Nachbarn
PORZIO POMPI, Signora Doroteas Ehemann
RUPERTO, Fiammas erste Liebe
NORBERTO, ein weiterer von Fiammas frühen Freunden
SIGNOR SALTINI, Padrone des Cabaret-Clubs Magnolia, wo Mamma sang
MIMI FINI, die Imitatorin im Magnolia
IVO, der Kontrabassist in Mammas Band
VITTORIO BRUSCHI, Mammas Agent
NORMA, Vittorios Sekretärin
VALENTINA, Vittorios dralle Geliebte
SIGNOR RUSSO, Zeitungsverkäufer
SIGNORA FOGNANTE, Kuttelnverkäuferin
PAPA GIOVANNI, SIGNORA SEMIFREDDO, SIGNORA MANTELLI – *Nachbarn in unserem Haus in der Via Giulia*
REMO, Sohn von Maria Assunta, meine erste Liebe
RAFFAELLO, Tante Ninfas Friseur
SIGNORA PUCILLO, Tante Ninfas Mutter
DRUSILLA MORELLI, die sadistische Physiotherapeutin
DR. BONCODDO, mein erster Psychiater
NICODEMO, Dr. Boncoddos Liebhaber
DR. FARRANDA, Dr. Boncoddos Boss
SIGNOR FELICE, Signora Pucillos Angebeteter
TELMA MACCARRONE, Signora Pucillos Liebesrivalin
GREGOR DER GROSSE, der erste von Signora Doroteas Vorfahren beigesetzte Papst
DER HEILIGE PETRUS, tritt als er selbst auf
CALIPSO LONGO, Empfangsdame im Bestattungsinstitut
SIGNORA FORTUNA, meine erste Leiche

SIGNOR CREMOSO, Eisverkäufer und Möchtegern-Liebhaber von Fiamma

MISENO NUMITORE, ein weiterer von Fiammas Kandidaten

CUNIBERTO MORETTI, ein Hilfssargträger und Verkäufer von Vanilleschoten, eines meiner ersten Rendezvous

ERNESTO PORCINO, Erfinder weinender Augäpfel und mein erster Möchtegern-Liebhaber

LORETTA, Signora Doroteas Schwester

SIGNORA PORCINO, Ernestos Ehefrau

DIE PORCINI, Ernestos Kinder

SIGNOR SETTEBELLO, eine Leiche

CLODIA STROZZI, meine Zimmergenossin auf dem Kreuzfahrtschiff, der Santa Domenica

DER GROSSE FANGO, der Magier auf der Kreuzfahrt

MEL CARTOUCHE, der internationale Artist

RULA ARGENTI, die Quelle der Ruhrepidemie

FANTASIA SPIGA
NERO PUPA
NICOLETTA BELLINI } *Passagiere der dritten Klasse*

SIGNOR STUFO, eine Leiche

SIGNORA STROZZI, Clodias Mutter

SIRO, Signora Doroteas Urlaubsromanze

SIGNORA DRUSILLA LIPPI, Albertos Mutter

NUNZIATA, Albertos Schwester

TUSCO GOZZINI, der berüchtigte Gangster

CARLO MARTELLO, Schlachter auf dem Campo dei Fiori

GIANGIACOMO CAMPOBASSO, der Friseur

MANILIA PIETRAPERTOSA, die Zitronenverkäuferin

FAUSTO PAZZI
BERNEDETTA SORBOLITO
CRISPINO MONGILLO } *Schaulustige auf dem Campo*

BRINI, Wachmann bei der Banca di Roma
NINO, ein sprechender Hamster
POLIBIO JUNIOR, Fiammas Sohn
MAX CALDERONE, ein von dem Commissario verwendeter Deckname
MAFALDA FIRPOTTO, eine Leiche, auf deren Körper Veilchen sprießen und die als Heilige gepriesen wird
SCHWESTER PRISCA, Oberin des Klosters Santa Fosca
PADRE BONIFACIO, Priester bei den Schwestern von Santa Fosca
MISS OLGA MOLLICA, Sängerin im Berenice
SIGNORA AGNELLO, eine Leiche
DIE BUCO-ZWILLINGE, Inhaber eines Bestattungsinstituts in der Via Ombrone
VERONIQUE KAPOOR, mein Künstlername
FRANCO, SELMO D'ANGELO, LABBRA FINI – *Mitglieder der Jazzband im Berenice*
BEATA FRESCA, Cocktailkellnerin im Berenice
VALERIA, NERISSA – *Opfer des Feuers und meine Nachbarinnen im Krankenhaus*
SCHWESTER SPADA, eine Krankenschwester auf der Station
LOLA, Labbra Finis Freundin
DR. PICCANTE, ein weiterer Psychiater
NELLO TONTINI, Sohn meines Nachbarn unter mir
GLORIA, Pierinos Weibchen
MIMOSA PERNICE, Onkel Birillos Geliebte
PERDITA STELLATA, Inhaberin des Altkleiderstandes
SELMO MANFREDI, der Fischhändler

Jetzt

Eins

Ich schleppte mich die steinernen Stufen hoch, ein gerupftes Huhn an meine Brust gedrückt, unter dem Arm den Karton mit der neuen Perücke und den jungen Vögeln; der Korb war prall gefüllt mit Erdbeeren, roten Paprikaschoten, *pancetta* und dicken Bohnen. Während ich in meinem Einkaufsnetz mit den Bibliotheksbüchern nach meinem Schlüssel wühlte, fiel mir auf, dass meine Wohnungstür mit einem Plastikband versperrt war. Was konnte das bedeuten? War da frische Farbe? Niemand hatte mir gesagt, dass Handwerker kommen würden. Ich öffnete zögernd die Tür, da tauchte ein hoch gewachsener Mann im Türrahmen auf.

»Signora Lippi?«

Ich nickte.

»Bitte treten Sie ein, und versuchen Sie, ruhig zu bleiben.« Er schob das Band hoch, um mich hineinzulassen. In dem schmalen Flur war kaum Platz für uns beide. Sein Atem roch nach Knoblauch und Anchovis, winzige Schweißperlen hafteten an seiner Oberlippe, seine Augen waren fest auf mein Huhn gerichtet. Sie waren ein wenig blutunterlaufen und sahen hungrig aus. Sein Anzug war zerknittert. Es war offensichtlich, dass er ein Commissario war.

»Was ist?«, fragte ich matt. »Geht es um Fiamma?« Meine Schwester verachtete die Gefahren, in die sie sich begab, sodass ich schon lange in Furcht vor einem Augenblick wie diesem lebte.

»Es geht um Ihren Ehemann, Signora«, hauchte er, woraufhin mein Herz wieder zu schlagen begann. Gott sei Dank, mit Fiamma war alles in Ordnung.

»Er wurde mitgenommen«, fuhr der Commissario fort, »und Ihre Wohnung durchwühlt.«

»Mitgenommen?«, wiederholte ich. Ich verstand nicht.

»Verschleppt worden. Verschwunden. Sie wissen doch, wie das ist, Signora; es ist kaum anzunehmen, dass Sie ihn je wieder sehen werden.«

Alberto verschleppt! Es schien kaum vorstellbar. Natürlich, ich hatte von solchen Fällen schon gehört, aber warum sollte irgendjemand Alberto wollen? Es musste ein Missverständnis sein. Wenn er mitgenommen worden war, würden sie ihren Irrtum bald bemerken und ihn freilassen. Ich hatte keinen Zweifel, dass er rechtzeitig zu seinem Abendessen zurück sein würde, und da Samstag war, würde er Huhn mit verbrannter Paprikasauce erwarten.

Während meine Gedanken zum heutigen Abendessen vorauseilten, schien sich der Commissario zu dehnen und den Flur vollständig auszufüllen. Plötzlich wurde mir bewusst, dass sein Körper meinen berührte und sein Atem langsam und schwer ging. Das Erscheinen eines zweiten Manns, der aus dem Wohnzimmer auftauchte, füllte den Flur bis zum Bersten. Verblüfft stellte ich fest, dass dessen Ohrläppchen ihm fast bis zu den Schultern reichten.

»Ich bin fertig, Signore«, sagte er und wies mit dem Kopf auf den durchsichtigen Plastikbeutel, den er in der Hand hielt. »Nur ein paar Gegenstände, die wir als Beweismaterial mitnehmen, Signora.« Ich war mir nicht sicher, aber ich

glaubte, ein paar Teile meiner Unterwäsche in dem Beutel zu erkennen. Was konnten sie damit wollen?
Der leitende Beamte wühlte eine Weile mit der Hand in seiner Hosentasche. Es kam mir vor, als würde er meine Oberschenkel untersuchen, aber das war nur, weil wir alle so eng zusammengepfercht standen. Nach schier endlosen Minuten fischte er endlich eine Karte hervor und reichte sie mir. Wie sein Anzug war sie zerknautscht und ein wenig feucht, die verschmierten Schriftzüge waren gerade noch lesbar: »Paolo Balbini, *Polizia Municipale*, Roma 17«, stand da und eine Nummer bei der Hauptwache.
»Es ist nicht anzunehmen, dass man versuchen wird, Sie zu kontaktieren, Signora«, sagte er, »aber wenn doch – aber auch wenn nicht! –, haben Sie meine Nummer.«
Schließlich drückten sich die beiden an mir vorbei und hinaus auf den etwas geräumigeren Treppenabsatz. Der Blick zurück, den Signor Balbini mir zuwarf, verriet, wie sehr es ihn schmerzte zu gehen. Ich sagte nichts, sondern schloss nur leise die Tür hinter ihnen.
Mein Gehirn und mein Mund schienen ausgetrocknet zu sein. Es war wie im Traum. Noch vor ein paar Minuten war alles normal gewesen. Es war Samstag. Ich war für ein paar Stunden zur Arbeit gegangen – in der Nacht hatte es ein paar Morde gegeben, und Signora Dorotea brauchte meine Unterstützung, um ein paar Einschusslöcher zu kaschieren und eine Nase zu rekonstruieren, die bei einer Explosion abgerissen worden war. Danach hatte ich mich mit Fiamma zum Kaffee bei Bobrini's getroffen. Sie war eben erst von einer Mission in Bolivien zurückgekehrt und war mit Geschwüren übersät, nachdem beim offiziellen Bankett vergifteter Fisch serviert worden war. Sie konnte kein Essen sehen, daher aß ich sämtliche *pastic-*

cini, und ich muss sagen, sie schmeckten köstlich. Dann wurde sie von Pesco, ihrem Chauffeur, zu einem Krisengipfel ins Ministerium gefahren, und ich erledigte meine Besorgungen. Ich brachte meine ausgeliehenen Bücher zurück und suchte mir drei neue aus, holte Albertos Bestellung bei dem Theatertrödler auf dem Corso ab, brachte mein Beerdigungskostüm in die Reinigung und erledigte dann meine Einkäufe bei den Marktständen auf dem Campo dei Fiori.

Jeden Samstag dieselbe Prozedur. Und jetzt das.

Ich ging durch die Zimmer, als würde ich eine Rolle in einem Film spielen. Überall herrschte Chaos. Es war, als hätte ein gigantisches und grässliches Monster den Inhalt verschluckt und halb verdaut wieder hochgewürgt. Es war grauenhaft, aber es sollte noch schlimmer kommen: Als ich ins Wohnzimmer stolperte, fand ich Pierinos Käfig umgekippt und leer vor. Wie von Sinnen suchte ich in den Trümmern, aber er war verschwunden. Ich rannte ans Fenster, blinzelte ins Sonnenlicht und versuchte ihn zu entdecken, aber es fehlte jede Spur von ihm. Im Eingang des Belbo Forno gegenüber erkannte ich die Gestalt von Commissario Balbini. Er sah zu mir hoch, und hastig schlug ich die Fensterläden zu.

Ich musste Pierino finden. Ich wusste nicht, wie lange er schon fort war, aber es bestand immerhin die Chance, dass er noch in der Nähe war. Ich stürmte die Treppe hinunter und auf die Straße hinaus. Ich hielt mich gar nicht erst damit auf, die Türen abzuschließen; wem es gelang, in dem Chaos etwas Wertvolles zu finden, sollte es ruhig behalten.

Ich jagte in Richtung Campo, wobei ich von Flöhen geplagte Tauben in Scharen aufscheuchte. Der Markt war inzwischen bereits geschlossen, aber er hatte seine schleimigen Spuren hinterlassen: Schweineaugen und Geflügelkrallen, Fischschwänze und Innereien, schäumende Pfützen, Blut und Gedärme. Der Gestank war grauenhaft. Ich betete, Pierino möge nicht in der Nähe einer der Schlachterstände gelandet sein: Ich wusste, einige von denen gingen mit ihrem Messer auf alles los. Ich sah mich nach Spuren azurblauer Federn um; Gott sei Dank gab es keine.

Drüben bei den Obstständen stocherte ein dicker Mann in einem orangefarbenen Overall mit einem borstenlosen Besen in den Überresten deformierter Bananen und verrotteter Feigen, die sich als zerquetschte Feldmäuse getarnt hatten. Zerborstene Wassermelonen spritzten ihre Innereien in die Rinnsteine, angeschlagene Nektarinen und faulige Granatäpfel schwammen zwischen ihnen. Der Gestank gärender Früchte war schwer und berauschend, und ich rechnete mir gute Chancen aus, Pierino hier zu finden.

»Haben Sie einen blauen Papagei gesehen?«, fragte ich den Straßenkehrer.

»Ich sehe gar nichts«, erwiderte er mit einer bedrohlichen Bewegung seines Besenstumpfs.

Ich rannte weiter, suchte jeden Fenstersims ab, jeden Brunnen und Wasserspeier, jede Säule, Statue und Brüstung, jeden Laternenpfahl, parkende Autos und *motorini*, wobei ich immer wieder leise und lockend Pierinos Namen rief. Ich griff mir als Köder eine Hand voll der fruchtigen Masse, wurde mit klebrigem, stinkendem Brei beschmiert. Ich spitzte die Ohren, horchte auf seine Stimme. So, unter Anspannung aller Sinne, überprüfte ich jede Straße und Gasse des Viertels. Bisweilen hatte ich das sichere Gefühl, beobachtet zu werden, doch jedes Mal, wenn ich mich

umblickte, war keine Menschenseele zu sehen. Tatsächlich lagen die Straßen seltsam verlassen da.
Stunden verstrichen, aber keine Spur von Pierino. Ich war erschöpft und begann zu verzweifeln. Inzwischen konnte er überall sein. Entmutigt schlug ich den Weg zurück zu meiner Wohnung ein. Es wurde spät, und in der Dämmerung war es schwer, überhaupt noch etwas zu erkennen. Ich würde morgen weitersuchen, obwohl ich betete, Pierino möge bis dahin von selbst wieder nach Hause gefunden haben.
Als ich das Gebäude betrat, fragte ich mich unwillkürlich, was mich wohl diesmal erwartete. Ich hätte mir gewünscht, dass alles nur ein Traum gewesen war: Ich würde Pierino in seinem Käfig vorfinden, die Wohnung wäre sauber und ordentlich und Alberto würde nach seinem *pollo* verlangen. »Pierino?«, rief ich zögernd. Es kam keine Antwort. »Alberto?« Wieder nichts. Ich streifte durch die Zimmer, voller Angst vor dem, was ich womöglich zu sehen bekam. Ich kannte mich aus. Schließlich hatte ich jeden Tag mit der Brutalität der Gangster dieser Stadt zu tun, mit abgetrennten Köpfen, Gliedmaßen, Geschlechtsteilen. Obwohl ich nicht zimperlich bin, schauderte ich bei dem Gedanken. Albertos Teile waren schon unattraktiv genug, solange sie noch mit seinem Körper verbunden waren. Dann fiel mir etwas Seltsames auf. Auf den Kissen des Betts lag eine rote Rose. Sie war vorhin noch nicht da gewesen, dessen war ich mir sicher. Ich betastete ihre samtigen Blätter und hielt sie mir an die Nase: Ihr Duft war überwältigend. Immerhin, besser, als einen Pferdekopf zu finden oder, um genauer zu sein, Albertos.

Zwei

Trotz meiner Erschöpfung begann ich aufzuräumen. Es war besser, sich zu beschäftigen, als grübelnd herumzusitzen. Die Wohnung erschien mir so leer ohne meinen kostbaren Pierino. Traurig stellte ich die halb gepickten Feigen und Pflaumen wieder auf den Boden seines Käfigs, wo sie auf seine Rückkehr warteten. Ich wagte nicht daran zu denken, dass er vielleicht nicht wiederkommen würde. Morgen würde ich Plakate anfertigen und überall aufhängen. Ich würde eine Belohnung aussetzen. Auf diese Weise würde die gesamte Bevölkerung der Stadt nach ihm Ausschau halten.

Ich fand das Telefon, das sich unter einem Haufen Handpuppen versteckt hatte, und beschloss, Fiamma anzurufen. Der Geheimdienstoperator nahm ab, und ich nannte die diversen Passwörter, um mit ihrer Privatnummer verbunden zu werden. Schließlich antwortete sie mit dem kodierten Satz:

»Es ist die Aubergine, die mich verlockt.«

»Pierino ist verschwunden«, sagte ich.

»Er wird schon wiederkommen«, sagte sie, aber der Tonfall verriet mir, dass es ihr gleichgültig war.

Dann erzählte ich ihr die schockierende Geschichte von Alberto.

»Das ist die beste Nachricht, die ich seit einer Ewigkeit gehört habe«, rief sie; und dann hörte ich, wie sie sich das Telefon an die Brust drückte und Polibio zurief: »Tolle Neuigkeiten, dieser *puzzone*, den Freda geheiratet hat, ist erledigt worden.« Dann hörte ich Polibio aufjubeln, Korken knallen und Gläser klirren.

»Vergiss diesen kleinen Widerling, Freda«, fuhr sie fort, »verschwende keinen Gedanken mehr an ihn. Such dir jemand anders und mach denselben Fehler nicht noch einmal.«

»Vergessen Sie ihn«, kam die gedehnte Stimme des Geheimagenten, der mithörte.

»Der Typ war doch ein Schwachkopf«, warf der Operator ein.

Ich legte auf. Dann rief ich Signora Dorotea an und danach Onkel Birillo. Er war noch immer in seinem Büro, und das an einem Samstag! Ihre Reaktionen waren dieselben wie Fiammas. Es war, als würden sie alle von demselben Skript ablesen. Sie alle versicherten mir, Pierino würde schon wieder auftauchen, und konnten ihre Freude darüber nicht verhehlen, dass Alberto verschwunden war.

Kaum hatte ich den Hörer aufgelegt, klingelte es, und ich zuckte zusammen. Angenommen, es waren die Entführer? Sollte ich abnehmen? Oder es klingeln lassen? Ich sah mich im Zimmer um, aber von dort war keine Hilfe zu erwarten. Die Zitronen, die wieder in ihrer Obstschale lagen, behielten ihre Meinungen für sich. Der Spiegel reflektierte ein Bild äußerlicher Ruhe, das über den Aufruhr der Gedanken, die mir durch den Kopf rasten, hinwegtäuschte.

Schrill läutete das Telefon weiter. Wer immer es war, war zweifellos hartnäckig.

»Nun nehmen Sie schon ab«, schrie Signor Tontini von seinem Fenster unter meinem. »Nun nehmen Sie schon ab, sage ich.« Er schien am Rande eines Schlaganfalls zu stehen. Seine Ärzte hatten ihn gewarnt, aber es war zwecklos: Wut war alles, was ihn am Leben erhielt.

Schließlich nahm ich den Hörer ab und ließ ihn vor Nervosität fast fallen. Zunächst war da nur das knisternde Geräusch einer schlechten Verbindung, typisch für die Stadt um diese Zeit. Ich hielt den Atem an. Was würden ihre Forderungen sein? Würde ich hören, wie Alberto gefoltert wurde? Seine Schreie, während ihm seine Teile abgehackt wurden? Meine Hand zitterte, während ich mir den Hörer ans Ohr hielt. Plötzlich ertönte Musik. Eine alte Showmelodie, die Mamma früher gesungen hatte. Es war grotesk.

»Sag mir, sag mir, sag mir, dass du mich liebst.«

Ich war kurz davor aufzulegen, als eine Stimme in die Leitung kam. Zwischen dem Aufbrausen der Musik hörte ich sie sagen:

»Allora, bring die Palumbo-Zwillinge wieder her ... ist mir egal, sie müssen wieder her ... scheiß auf die Perücke; wenn sie verschwunden ist, muss es eben ohne gehen ... bring sie einfach auf die Bühne, Lui, jetzt ...«

Es ergab alles keinen Sinn, und doch war irgendetwas an dieser verzweifelten, zusammenhanglosen Stimme, was mir bekannt vorkam. Dann durchzuckte mich ein Schock, als ich hörte, wie die Stimme mich mit meinem Namen ansprach.

»Freda, bist du da?«

Sie wartete keine Antwort von mir ab, sondern fuhr augenblicklich fort:

»Wo zum Teufel steckt Alberto? Er hat sich heute Abend nicht blicken lassen. Die Kundschaft wird allmählich unruhig. Gloria Fantorelli ist schon dreimal aufgetreten. Sie werfen mit dem Essen. Der feste Koch wurde auf dem Weg hierher erschossen. Wir tun hier unser Bestes – nein, sie können ihr Geld nicht zurückhaben – ich muss die Zwillinge wieder auf die Bühne bringen. Sag ihm, er soll seinen Hintern augenblicklich hierher bewegen, sonst ist mit ihm und der Puppe Schluss, hörst du mich, Freda?«

Natürlich, es war Dario Mormile, der Impresario des Cabaret-Clubs Berenice, in dem Alberto samstagabends auftrat. Er hielt sich gar nicht erst damit auf, meine vollständige Erklärung abzuwarten – ein Knistern wurde laut, und die Leitung war tot.

Ich legte den Hörer wieder auf die Gabel. Es war falscher Alarm gewesen. Aber mein Herz schlug noch immer unregelmäßig. Fast hätte ich Commissario Balbini angerufen, doch dann entschied ich mich dagegen. Er verwirrte mich, und außerdem hatte ich nichts Neues zu sagen. Stattdessen schüttete ich die Erdbeeren in eine Schale, ging ins Badezimmer und ließ mir ein heißes, schäumendes Bad ein. Ich schälte mich aus meiner obstverschmierten Kleidung und stieg in die Wanne, die Erdbeeren auf meinen Knien balancierend. Ich griff mir eine Hand voll und schob sie mir mit tropfenden Fingern in den Mund. Sie waren himmlisch. Der Saft rann an meinem Kinn hinunter und tropfte ins Wasser, wo er rosarote Schnörkel bildete.

Das heiße Wasser drang in jede Zelle meines Körpers und besänftigte mich. Ich hoffte, der Dampf würde meine zerknautschten Gedanken glätten wie Falten in einem Leinenstoff, aber das tat er nicht: Ich blieb völlig verwirrt. Das Einzige, was ich mit Sicherheit wusste, war, dass ich Alberto nicht wiederhaben wollte.

Drei

In dieser Nacht schlief ich besser, als ich es in den drei Jahren seit unserer Eheschließung je getan hatte. Ich ließ das undurchsichtige Nachthemd weg, das ich trug, um Albertos halbherzige Avancen zurückzuweisen, und legte mich nackt in die Mitte des Betts, alle Kissen unter mir, und streckte meine Finger und Zehen bis in die äußersten Ecken aus, wo die Laken herrlich kalt waren. Im Allgemeinen blieb mir nur ein schmaler Streifen am Rand: alles, was Alberto nicht für sich beanspruchte.

Die Stimmen vermisste ich ebenfalls nicht – die Stimmen von Albertos Nummer. Sie hatten immer eine Rolle in unserer Beziehung gespielt. Schon bald nach unserer haarsträubenden Hochzeitsnacht sollte ich durch diese Stimmen von seinen Affären Wind bekommen.

Eine sanfte weibliche Stimme ertönte dann von dem Kissen genau neben mir.

»Alberto«, säuselte sie. »Tu das noch einmal. Noch einmal, ich flehe dich an.« Und dann lachte sie ein leises, sinnliches Lachen.

Und bald rief Alberto mit einer schnulzigen Stimme, einer, die seine eigene war:

»Oh, Amaltea.«

Oder:

»Oh, Genoveffa.«

Was diese Frauen in ihm sahen, werde ich wohl nie erfahren.
In der Nacht, dieser langen, leeren Nacht, spürte ich, obwohl ich schlief, wie die Hitze anschwoll. Ich kickte die Bettdecke von mir, um meine nackte Gestalt der kühlen Luft auszusetzen. Der leise Hauch eines Luftstroms, zu schwach, um als Brise bezeichnet zu werden, kam durch die offenen Fenster und liebkoste mich. Der Duft der geheimnisvollen Rose durchzog und tränkte die heiße Luft. Ich schwelgte in ihm, und während ich schwelgte, träumte ich.
Commissario Balbini war in mein Schlafzimmer gekommen, und es erschien mir nicht einmal seltsam, tatsächlich war es fast, als würde ich ihn erwarten. Sein Geruch wetteiferte mit dem der unheimlichen Rose, sodass mir fast flau im Magen wurde. Ich war schon immer empfindlich gegenüber Gerüchen gewesen; warum, so hatte ich mich oft gefragt, hatte ich dann Alberto geheiratet, den stets der Hauch von irgendetwas Unangenehmem umgab, irgendetwas, was nur unzureichend überdeckt war von einem scharfen Desinfektionsmittel, das er im Badezimmerschrank verschlossen aufbewahrte? Der Commissario roch nach Leidenschaft, nach Hefe, nach sonnengereifter Haut, ein animalischer Geruch, der die hohle Stelle in meinem Körper ansprach. Ich ertrank darin.
In der Dunkelheit, die wegen des vollen Mondes draußen unvollkommen war, sah ich, wie sich seine hungrigen Augen an mir weideten. Sein Adamsapfel glitt in seiner Kehle auf und ab wie der Zug an einer Posaune, während er mehrmals schwer schluckte. Ich sah, wie er sich mit einer Hand langsam über das Gesicht strich und seine Züge zu einer Gummimaske verzerrte. Dann riss er sich das Jackett

herunter wie ein Rettungsschwimmer und tauchte neben mir ins Bett. Es gab einen Ruck, als eines der Beine des Diwans das Dielenbrett darunter durchbohrte, aber jetzt war nicht die Zeit, sich darum zu sorgen. Um die Beschwerden von Signor Tontini zu ersticken, dessen eigenes Bett unmittelbar darunter stand, warf ich mich auf den Commissario und küsste ihn ungestüm auf den Mund. Seine Hände umfassten meinen Hinterkopf und zogen mich zu ihm. Seine Zunge füllte meinen Mund. Ich konnte nicht atmen. Wogen schlingerten durch meinen Körper, wallten aus meinem tiefsten Inneren auf und schossen durch meine Arme und Beine. Es war wie damals, als ich im Waschsalon einen elektrischen Schlag bekommen hatte. Nur viel besser.

Ich konnte kaum glauben, was meinem Körper geschah, und ich wollte, dass es niemals endete. Ich nahm das Gesicht des Commissario zwischen meine Hände und küsste weiter, als hinge mein Leben davon ab.

Von brennenden Küssen hatte ich in meinen Leihbüchern gelesen. Das waren sie.

Mir wurde bewusst, wie die Hände des Commissario über meinen Körper strichen. Die sanfte Berührung seiner Finger, die leiseste Spur eines Fingernagels schrieben ihr sinnliches Skript. Sie schrieben von quälenden Geheimnissen, endlosen Reisen, vorgestellten Orten. Seine Berührung war abwechselnd streichelnd, sanft wie ein Flüstern, dann forschend und drückend, drängend und vibrato, ihren Weg findend. Ich gab mich ihm hin, floh vor mir selbst, vor der Vergangenheit, vor allem, was wirklich war, und vor den Flüchen von Signor Tontini, die in einem Schwall von Beschimpfungen nach oben stiegen und die meine Leidenschaft wacker zu ignorieren trachtete.

Ich krallte mich an sein Hemd. Polyester. So strapazierfähig. Der erbitterte Feind von Liebenden. Aber ich würde mich ihm nicht geschlagen geben. Unter Aufbietung aller Kräfte, die sich im Laufe meiner Jahre ungestillter Leidenschaften in mir aufgestaut hatten, riss ich es am Kragen auf und erdrosselte ihn fast mit seiner Krawatte. Die Ärmel hafteten kraftlos an seinen Armen, aber sein Oberkörper war entblößt. Seine Brust war ein Perserteppich aus schwarzem Haar, und ich sank mit meinen Brüsten in seinen Flor, sodass er aufstöhnte und winselte.
Ich musste ihm die Hose ausziehen. Die Lage war verzweifelt geworden. Allein schon ihre Existenz verursachte mir inzwischen körperliche Schmerzen. Er und ich bemühten uns gleichermaßen, sie zu lockern. Der Gürtel war viel zu fest geschnallt. Wir zupften und zerrten, fummelten und fuhrwerkten herum. Schließlich, als wir schon im Begriff waren aufzugeben, kapitulierte die Gürtelschnalle, und ich konnte die Hose herunterreißen, aber natürlich hatte der Commissario in der Eile seine Schuhe anbehalten, und sie steckten nun hoffnungslos in seiner verkrumpelten Hose. Ich sprang von der Matratze auf den Boden. Durch den schmalen Lichtstrahl, der durch das geborstene Brett drang, konnte ich das empörte Gesicht Signor Tontinis erkennen, der zu uns nach oben spähte. Gott sei Dank verhinderte die Dunkelheit, dass er mich sah.
Ich wandte meine Aufmerksamkeit wieder der Hose zu. Mir war bewusst, dass der Abend, wenn sie sich nicht bald löste, ruiniert sein würde. Sie hatte ohnehin schon eine allzu prominente Rolle übernommen. Jetzt, wo mir das Blut wallte, glaubte ich die Kraft zu besitzen, sie über seine Schuhe herunterreißen zu können. Ich rammte meine Füße in den Boden, um mehr Hebelkraft zu haben. Der

Commissario klammerte sich an den Bettpfosten. Und ich begann zu ziehen. Ich zog und zog. Der Commissario biss die Zähne zusammen. Und dann, mit einem letzten Ruck, der mehr Kraft erforderte, als ich zu besitzen glaubte, löste sich die Hose, aber ich wurde dabei quer durchs Zimmer geschleudert, prallte gegen den Wandschrank, schlug mir den Kopf an ihm an und wachte auf.

Ich war benommen, aber nicht schwer verletzt. Was für eine lächerliche Phantasie! Ich wollte lachen. Der Commissario, ausgerechnet! Ich war schon immer anfällig für bizarre Träume gewesen, aber das setzte allem die Krone auf. Doch als ich eine Stimme hörte, die sich aus der Dunkelheit erhob, verspürte ich einen Ruck wie einen weiteren elektrischen Schlag. War Alberto mit seiner Menagerie von Stimmen zurück?

»Schnell, mein Engel, mein Liebling«, sagte die Stimme schwer von Verlangen, »komm schnell wieder ins Bett.«

Selbst zu Beginn, auf dem Kreuzfahrtschiff, hatte Alberto nie mit einer Stimme zu mir gesprochen, bei der ich mich innerlich wand. Was konnte da los sein? Trotz des Schlags gegen meinen Kopf stand ich auf und taumelte auf den Lichtschalter zu. Als der grelle Schein das Zimmer durchflutete und mir in den Augen brannte, konnte ich einfach nicht glauben, was ich sah. Ja, es war Commissario Balbini, leibhaftig und allen Ernstes in meinem Bett, und er starrte und blinzelte in das grausam grelle Licht, mit nichts bekleidet als seinen Schuhen und knielangen Nylonsocken. War ich dabei, verrückt zu werden? Oder schlief und träumte ich noch?

»Mein Schatz, warum schaltest du denn das Licht an? Ist es nicht ein wenig hell so? Nun ja, was immer du möchtest. Komm her, ich flehe dich an, komm zurück ins Bett.«

Entgeistert sah ich zu, wie er aufstand und sich mit ausgebreiteten Armen auf mich zubewegte. Sein Ding war violett und genau auf mich gerichtet. Er erinnerte mich an das, das Ernesto Porcino gehört hatte und das ich damals, im Sommer 1971, unbeholfen gestreichelt hatte.
»Sie«, stotterte ich, wobei ich mich mit den zerschlissenen Fetzen der Hose bedeckte, die ich noch immer in der Hand hielt. »Was tun Sie denn hier?« Ja, um Himmels willen, was tat er hier?
Bevor er antworten konnte, ertönte das Geräusch von splitterndem Holz. Das Blatt einer Axt kam durch den Boden, hackte die Stelle zwischen uns auf und ließ den Commissario vor Schreck erstarren.
»Hure!«, stieß Signor Tontini wutentbrannt hervor. »Ihr Ehemann ist verschwunden, und noch in derselben Nacht, genau derselben Nacht, holt sie sich schon einen Ersatz. Können Sie das glauben?, frage ich Sie. Was für eine Hure. Was für ein Flittchen …«
Dann folgten weitere Axthiebe, und eine Kluft tat sich im Boden auf und ließ noch mehr von Signor Tontinis funkelnder Miene erkennen.
Ich sah, wie die Leidenschaft des Commissario dahinschmolz. Er warf mir einen Blick zu, der erfüllt war von der schwelenden Hitze seines Verlangens, seiner Verzweiflung, seiner Frustration und seiner unterdrückten Wut über die Unterbrechung. Er hielt sich beide Hände schützend vor das einst violette Ding, das inzwischen zu einem matten Rosa verblasst war, und wagte sich zu dem Loch vor, dass sich zwischen unseren Füßen aufgetan hatte.
»Signore«, wandte er sich mit einer erstickten Stimme, die jede Spur seines Schmerzes verriet, an Signor Tontini, »Paolo Balbini von der Polizei der Stadt Rom. Ich habe

keine andere Wahl, als Sie wegen Besitzes einer Angriffswaffe mit der Absicht zu verletzen festzunehmen. Ich ermahne Sie, sich der Festnahme nicht zu widersetzen. Ich werde in Kürze bei Ihnen sein.«

Der daraufhin losbrechende Wutanfall reichte aus, um mich davon zu überzeugen, dass Tontinis Milz nicht mehr lange durchhalten würde. Ich wusste, er würde nur noch tot auf dem Polizeirevier eingeliefert werden.

Ebenso überzeugt war ich, dass der Commissario seine eigene Hose nicht tragen konnte. Sie war in Fetzen. Sobald ich meinen Morgenrock um mein Fleisch befestigt hatte, das vor Verlegenheit glühte, wühlte ich im Wandschrank und holte eines von Albertos knallbunten Kostümen hervor. Es bestand aus einem grellen blauen Baumwollsatin mit einer roten Samtborte und war bei dem Schneider Rinaldi unweit der Piazza Borghese nach Maß angefertigt worden. Der Commissario stieg mehr oder weniger bereitwillig in die Hose, doch offensichtlich bestand zwischen seiner Statur und Albertos ein himmelweiter Unterschied. Trotzdem, sie musste ihren Zweck erfüllen: In seiner Lage konnte er es sich nicht leisten, wählerisch zu sein. In Verbindung mit seinem eigenen Jackett, das verhältnismäßig unbeschädigt geblieben war, sah er absolut lächerlich aus.

Vorsichtig stieg er über das Minenfeld, zu dem mein Boden geworden war, wobei er sich die Hose wie ein Clown in der Mitte hochhielt. An der Wohnungstür wandte er sich noch einmal um und küsste mich ungeniert.

»Ich werde zurück sein, sobald ich kann, mein Liebling«, murmelte er leidenschaftlich. Seine Bartstoppeln schürften meine Wange, und der Geruch seiner Hormone war tief und unanständig. »Warte auf mich. Ich werde dich nicht enttäuschen.«

Augenblicke später sah ich durch das Loch im Boden, wie Signor Tontini sanft wie ein Lamm in Handschellen abgeführt wurde. Vielleicht war er ja froh darüber, dass ihn endlich einmal jemand ernst nahm. Nachdem sie gegangen waren, schob ich das Bett über das Loch. Bedauerlicherweise hatte die Axt das Bein abgehackt, das durch den Boden gestoßen war, aber ein Stapel Bücher stellte das Gleichgewicht wieder her.

Der Handkoffer mit Malco, der Bauchrednerpuppe, war in dem Handgemenge eingedellt worden, und ich hörte ihn murmeln: »Hure. Flittchen. Hure. Flittchen.« Ich versetzte ihm einen Tritt, um ihn zum Schweigen zu bringen, und stieß mir dabei meinen nackten Fuß an. Bald, das wusste ich, würde ich ihn zu dem Trödelladen auf dem Largo Febo schicken. Aber bevor es so weit kommen konnte, sollte er bereits verschwunden sein.

Ich sammelte die Überreste von Commissario Balbinis Kleidung ein. Sie war erfüllt von seinem erotischen Duft. Ich wusste nicht, wohin damit, und so schloss ich sie im Badezimmer ein. Ich trank ein großes Glas kaltes Wasser und legte mich hin, aber natürlich fand ich keine Ruhe. Ich war wie ein Ballon, der im Begriff war, zu zerplatzen. In mir spürte ich ein Hämmern, eine Feuchtigkeit und jenes vertraute Jucken, das niemals nachließ. Es war mein Schicksal, ständig an akuter sexueller Frustration zu leiden. Wenn ich doch bloß einen richtigen Mann wie den Commissario geheiratet hätte, ich glaube, dann hätte mein Leben anders ausgesehen. Aber ich hatte Alberto geheiratet, und das hatte ich nur mir selbst zuzuschreiben.

Damals

Eins

Es war nicht schwer zu bestimmen, wann genau alles schief gelaufen war. Es war der 5. Juni 1965 gewesen, der schlimmste Tag meines Lebens, in Vergangenheit und Zukunft.

Ich erinnere mich noch bis ins kleinste Detail. Es war mein sechzehnter Geburtstag, und über Nacht hatte ein Ausschlag scharlachroter Pusteln den Weg über mein Gesicht genommen. Diese Pickel hielten bis zum 17. September 1970 an, einem Donnerstag, und bis dahin hatte ich mich so an sie gewöhnt, dass ich mich ohne sie kaum wieder erkannte.

Zur Feier des Tages hatten wir zum Frühstück kleine Kuchen von der Pasticceria Sottossanti geholt, und ich packte meine Geschenke aus. Mamma hatte mir schon lange versprochen, dass ich zu Weihnachten den Papagei bekommen würde, nach dem ich mich sehnte, seit ich sieben war, und zur Vorbereitung schenkte sie mir zum Geburtstag ein Buch mit dem Titel *Die Pflege tropischer Vögel*, außerdem einen gelben Badeanzug, eine winzige Brosche in Form eines Schmetterlings, ein Tagebuch, um die interessanten Details meines Lebens festzuhalten, und ein Fläschchen rosa Nagellack. Fiamma schenkte mir – vorausschauend, aber taktlos – eine Tube Pickelsalbe, die ich dick auftrug, ohne dass sie etwas half. Von Tante Ninfa und Onkel Birillo gab es eine abscheuliche Häkeljacke mit passenden Socken und von Maria Assunta unter uns eine Schachtel Bonbons mit Veilchengeschmack.

Wir würden den Tag am Strand verbringen, und ich begann das Picknick vorzubereiten. Es gab all meine Lieblingssachen: heißes Brot, Brathähnchen, Mozzarella, eine Honigwabe, wilde Erdbeeren, eine Flasche Kirschlimonade (die Sorte, die wie Medizin schmeckt) und eine riesige Tafel Schokolade, an der ich während meiner Vorbereitungen knabberte (tatsächlich hatte ich bereits die Hälfte aufgegessen, aber schließlich war es mein Geburtstag).

Ich hatte den Korb eben zu Ende gepackt, als von der Straße heftiges Hupen ertönte, wie das Signalhorn eines Schiffs. Es war Fiamma, die Onkel Birillos neuen Wagen fuhr. Es war ein amerikanischer, ein Oldsmobile Cutlass Cabrio, riesengroß und rot. Er hatte ihn in einem Preisausschreiben gewonnen, und sein lächelndes Gesicht war in den Zeitungen erschienen. In einem unbedachten Augenblick hatte er sich bereit erklärt, ihn Fiamma zu borgen, wenn sie ihre Fahrprüfung bestanden hatte, und nun, nachdem das der Fall war, konnte er nur noch ängstlich zusehen, wie sie die abschüssige Einfahrt vor seiner Garage hinunterjagte und auf die Straße schoss.

Inzwischen war Mamma endlich fertig. Sie war so glamourös. Etwas, was ich bedauerlicherweise nicht geerbt habe. Tatsächlich habe ich, davon bin ich überzeugt, von Natur aus einen altmodischen Kleidungsstil. Aber Mamma sah ich nie ohne ihre falschen Wimpern, ohne perfekte Bemalung ihres Gesichts und ihrer Fingernägel, selbst wenn sie Geschirr spülte; natürlich bis auf das letzte Mal im Krankenhaus, als sie im Sterben lag: gebrochen und entstellt. An diesem Morgen trug sie ein grünes Kleid mit weißen

Tupfen und einen schwarzen Pillboxhut mit einem Schleier, der ihr knapp über die Augen fiel. Lange Handschuhe, hochhackige Schuhe und eine Duftwolke von Donna Misteriosa rundeten das Outfit ab.

Als wir die Treppe hinunterpolterten, hatte sich bereits eine Menschenmenge um den Wagen versammelt. Kleine Jungen, die ihr Eis schleckten, beschmierten den Lack mit ihren klebrigen Fingern. Ein fliegender Händler versuchte, Fiamma für den Inhalt seines Bauchladens zu interessieren: Springbohnen, falsche Nasen, Haarwuchsmittel, Farbkreiden und Lakritzstangen. Passanten beugten sich hinein, betasteten das rote Lederpolster und spielten an den Knöpfen auf dem Armaturenbrett.

Als Mamma auftauchte, stürzten zwei junge Männer vor, um ihr Autogramm zu bekommen, denn sie war in unserem Viertel durchaus eine Berühmtheit. Signor Frangiosa, der gegenüber wohnte und seit Jahren für sie schwärmte, fragte, ob er sie fotografieren dürfe. Mamma posierte für mehrere Aufnahmen auf der Motorhaube, von denen es eine später bis auf die Titelseite des *Il Messaggero* brachte, zusammen mit einem Bericht, der all die schaurigen Details enthielt. Wer hätte voraussehen können, dass das Bild, das Mamma an diesem strahlenden Tag festhielt, zu einem solchen Zweck bestimmt sein würde?

Wir packten den Picknickkorb in den Kofferraum, der fast so groß wie unsere Wohnung war; dann kletterte ich auf die Rückbank, und Mamma setzte sich vorn neben Fiamma, die fest aufs Gaspedal trat. Der mächtige Motor heulte auf wie eine Rakete, und der Cutlass machte einen Satz nach vorn, versprengte die Schuljungen und hüllte die Menge in eine erstickende blaue Rauchwolke.

»Fiamma, bist du sicher, dass du etwas so Großes steuern

kannst?«, fragte Mamma, während sie auf ihren Sitz zurückgeworfen wurde.

»Natürlich«, entgegnete Fiamma verächtlich, aber es dauerte eine Weile, bis sie den richtigen Dreh raushatte, und das gewaltige Gefährt biss und bockte, während sie auf den Fußpedalen herumtänzelte und an den Hebeln hantierte, die ihr neu waren.

Doch bald hatten wir die Stadt hinter uns gelassen und glitten gemächlich dahin, während uns die Sonne ins Gesicht schien und der Fahrtwind unser Haar zerzauste. Mamma begann »Io So Perché« zu singen, und ich stimmte mit ein. Sie besaß eine solch schöne Stimme. Sie sang noch immer, als der Unfall geschah, als sich ihr Lied in den Schrei verwandelte, den ich manchmal mitten in der Nacht noch immer höre.

Die Straße flimmerte in der Hitze. Fiamma fuhr immer schneller. Häuser, Bäume, entgegenkommender Verkehr, Fußgänger, Hunde und Hühner begannen an uns vorbeizuschießen und zu verschwimmen. Der Staub stieg hinter uns auf. Der Wind peitschte wild um uns herum. Mamma hielt ihren Hut fest.

Am Fuß des Hügels, noch ein gutes Stück vor uns, lief die Gestalt eines kleinen alten Manns auf die Straße hinaus. Als er sah, wie der riesige Cutlass mit einer unglaublichen Geschwindigkeit auf ihn zuhielt, erstarrte er an Ort und Stelle und begann zu schreien.

Die Blase, die Fiamma zu einem gewaltigen Ballon aufgebläht hatte, platzte und bedeckte ihr Gesicht mit explodiertem Kaugummi und nahm ihr die Sicht. Ihr Fuß tastete blind nach der Fußbremse, konnte sie aber nicht finden. Mamma schrie. Ich schrie. Fiamma schrie. Sekunden vor dem sicheren Tod schrie der alte Mann. Seine Tochter, eine

Frau in mittleren Jahren, in deren Obhut er sich befand und die ihm nicht länger als eine Sekunde den Rücken zugewandt hatte, schrie am Straßenrand ebenfalls.
Die Zeit schien stillzustehen. Es gab nur noch Geschwindigkeit und Schreie. Sonst nichts.
Schließlich, endlich, aber zu spät, fand Fiamma die Bremse. Es war ein heroischer Akt. Unter Aufbietung aller geballten Kräfte trat sie sie durch. Ihr ganzer Körper folgte ihrem Fuß in den Fußraum, in dem die Pedale waren. Sie schaffte es, das gewaltige, massige, hungrige Monster um Haaresbreite vor dem alten Mann zum Stillstand zu bringen.
Und in genau dem Augenblick, in dem der Wagen anhielt, suchte Mamma das Weite. Ich sah, wie sie sich hoch in die Lüfte schwang. Die Schuhe fielen ihr von den Füßen und flogen davon. Ihr Hut, von einem Luftstoß hochgerissen, wurde aufs Meer hinausgetragen und nie wieder gesehen. Der Rock des grünen Kleids blähte sich wie ein Fallschirm, konnte sie aber nicht retten. Ihr Haar entwich aus seinen Nadeln und flatterte hinter ihr her. Ich hörte das leise, blecherne Geräusch der Nadeln, die auf die Straße fielen. Und Mamma schrie noch immer. Schrie. Schrie. Schrie. Die ganze Zeit sah ich wie in Zeitlupe zu. Ich war zu Schaden gekommen, das spürte ich undeutlich, aber ich war angeschnallt gewesen.
Mamma erreichte den Scheitelpunkt ihres Bogens und begann unweigerlich, sich der Erde zu nähern. Ihr Schrei hatte nun einen leicht veränderten Ton. Die Wucht der Schwerkraft vielleicht, die ihn um einen Halbton herunterzog. Sie starrte mit weit aufgerissenen Augen. Sie mussten den Boden gesehen haben, der ihr entgegenraste. Mit den Kleidungsstücken im Schlepptau, die sie im Flug von einer Wäscheleine gerissen hatte, wurde sie schließlich

von einer riesigen Palme zum Stillstand gebracht, auf die sie aufprallte und in deren rauen, behaarten Stamm sie ihre schönen, weißen Zähne grub.
Dann hörte der alte Mann auf zu schreien. Er hatte überlebt. Aber er lag vor dem Wagen auf der Straße und starb trotzdem, unnötigerweise. Seine Tochter brach zusammen, und Schaum trat ihr vor den Mund. Der Wagenmotor gab ebenfalls auf und starb ab. Dann gab es eine kleine, aber perfekt geformte Explosion, und Flammen begannen hochzuzüngeln und den Lack zum Schmelzen zu bringen. Fiamma stieg aus. Sie war unversehrt, bis auf eine Blutspur auf ihrer Stirn über dem Nasenrücken. Das war der Augenblick, in dem ich die Augen schloss und alles dunkel wurde.

Zwei

Seltsamerweise war Mamma nicht augenblicklich tot, obwohl es vermutlich für uns alle besser gewesen wäre, wenn sie auf der Stelle gestorben wäre, in diesem duftenden Garten, anstatt im Krankenhaus, wo es keine Schönheit gab, keinen Duft, keine Blumen und kein Sonnenlicht. Nur sterile Grautöne, antiseptische Gerüche, Halbdunkel und Stille. Ein paar Stunden, nicht länger, siechte sie noch dahin, nur um zu uns zu sprechen, uns vielleicht zu warnen, bevor sie von uns schied und uns der Obhut ihres Bruders Birillo und seiner stattlichen Ehefrau Ninfa überließ.
Ich wachte auf, als ich spürte, wie mir jemand die Wangen tätschelte. Es war Fiamma. Sie trug dasselbe rosa T-Shirt und die Shorts, die sie getragen hatte, als sich der Unfall ereignete, vor einer Ewigkeit. Sie sah unpassend aus auf der Station, als hätte sich ein Tag am Strand still und heimlich in das ernste Geschäft von Tod und Leid und Krankheit geschlichen. Und als sie sich zu mir herunterbeugte, sah ich, dass noch immer Spuren des Kaugummis an ihren Augenbrauen hafteten.
»Freda, Mamma ruft nach dir. Komm schon.« Sie schlug meine Bettdecke zurück und musterte meinen malträtierten Körper, schätzte ab, wie sie mich bewegen würde. Ich spürte nichts, aber mein rechtes Bein war gebrochen und lag vom Schenkel bis zum Knöchel in Gips. Außerdem

hatte ich ein Schleudertrauma erlitten und steckte in einer Halskrause. Mein Kopf war mit Verbänden umwickelt, denn mein Schädel war leicht eingedrückt worden, aber Gott sei Dank war mein Gehirn unbeschädigt geblieben, auch wenn ich für den Rest meines Lebens in regelmäßigen Abständen alles doppelt sehen würde.

»Komm schon, steh auf«, sagte Fiamma ohne viel Geduld, ohne jede Geduld, um genau zu sein, und schickte sich an, mich in den Rollstuhl zu hieven, den sie sich von der benachbarten geriatrischen Station »ausgeliehen« hatte. Sie ignorierte mein Schmerzgeheul und rumpelte mit mir über Treppen und Korridore, bis wir Mammas Zimmer erreichten.

Als wir durch die Tür schossen (Fiamma schob Rollstühle etwa so, wie sie Auto fuhr, furchtlos und rasant), überraschten wir einen ältlichen Priester, der Mamma soeben die Sterbesakramente gespendet hatte. Er segnete uns alle mit dem Zeichen des Kreuzes, und nachdem er sich gründlich gekratzt hatte, humpelte er davon.

Ich konnte kaum glauben, dass die Gestalt im Bett meine Mamma war. Sie war mit Verbänden umwickelt wie der »Unsichtbare«. Lediglich für Nasenlöcher, Mund und Augen gab es Schlitze. Durch diese Schlitze sah sie mich mit einer Liebe an, in die sich Schmerz und Traurigkeit, Mitleid und Resignation mischten.

»Meine Mädchen«, flüsterte sie, und ihre Stimme war ebenso gebrochen wie ihr Körper. »Ihr müsst schön tapfer sein und aufeinander aufpassen.« Sie streckte die Hände nach uns beiden aus, und sie waren ebenfalls vollständig in Verbände gewickelt.

»Bald muss ich von euch scheiden, aber vorher habe ich euch noch so viel zu sagen.« An dieser Stelle hielt sie unter der

Anstrengung des Sprechens einen Augenblick inne, und ich hatte schreckliche Angst, dass sie schon gestorben war, da sie so still wurde. Ich konnte nicht sagen, ob sie noch atmete, ihre Stoffhände waren schwerelos und schlaff, und ich wusste nicht, was ich tun sollte, außer zu weinen.
Aber dann fuhr sie fort, leise und rasch, als würde ihr nicht mehr viel Zeit bleiben.
»Fiamma, nimm dir nicht zu Herzen, was geschehen ist. Es war nicht deine Schuld. Es war die Karte, die dir zugespielt wurde. Du bist in deiner Laufbahn zu Großem bestimmt, aber du wirst einen Dummkopf heiraten. Sei glücklich. Meine Fredina, meine Sensible, am meisten sorge ich mich um dich. Du wirst ebenfalls erfolgreich mit deiner Arbeit sein, aber du wirst Pech haben. In ferner Zukunft sehe ich einen Bauchredner, aber das wird nichts Gutes bringen ...«
An dieser Stelle brach sie ab, aber ganz offensichtlich hatte sie den Satz noch nicht beendet. Er hing bedrohlich in der Schwebe, und wir warteten schweigend darauf, dass sie fortfuhr. Ich weiß nicht, wer von uns beiden zuerst begriff, dass sie bereits von uns gegangen war.
Innerlich war ich am Ertrinken, aber nach außen hin war ich ruhig und still. Hinter mir ging eine Tür auf und wieder zu. Ein Luftzug. Ich glaube, ein paar Leute kamen herein und gingen wieder. Ich ergriff Mammas Hand und beschwor sie, mich nicht zu verlassen. Ich war zu jung, um eine Waise zu sein. Ich glaubte, wenn sie es nur stark genug versuchen würde, würde sie vom Rande des Todes zurückkehren können. Aber sie versuchte es nicht.
Viel später sagte Fiamma:
»Ich denke, ich bringe dich jetzt besser zurück.«
»Noch nicht«, sagte ich. »Ich will ihr Gesicht sehen.«
»Nein, das willst du nicht.«

»Doch, das will ich, hilf mir.«
Sie hievte mich auf die Füße und ging dann auf den Flur hinaus, um eine Zigarette zu rauchen. Bislang hatte sie nicht geraucht. Schon jetzt entwickelte sie schlechte Angewohnheiten.
»Ich will sie so in Erinnerung behalten, wie sie war«, war alles, was sie sagte. Aber ich wollte es wissen.
Vorsichtig begann ich, die Verbände abzuwickeln. Ich fing oben an Mammas Kopf an, schälte sie ab wie die Schichten einer Zwiebel. Dann sah ich Mammas Gesicht, aber es war nicht das Gesicht, das ich kannte.

Drei

Sie versuchten mich davon abzuhalten, zu der Beerdigung zu gehen – die Schwestern, die Ärzte, Onkel Birillo –; alle sagten, ich sei nicht kräftig genug, aber ich zeigte es ihnen. Ich floh sogar aus dem Krankenhaus, um Mamma im Bestattungsinstitut Pompi zu besuchen. Ich ließ mich von Fiamma hinschieben. Sie wollte nicht mit hineinkommen, und so übernahm Signora Dorotea Pompi, der das Unternehmen zusammen mit ihrem Mann Porzio gehörte, den Rollstuhl und steuerte mich in die Totenkapelle.

Mammas Verwandlung war ein wahres Wunder. Signora Pompi war eine Künstlerin; das stand außer allem Zweifel. Mamma war in ihrer ganzen Schönheit wiederhergestellt. Ich konnte es kaum glauben. Ihr Gesicht war wieder heil und so natürlich, gar nicht wie eine Maske. Ihre Augen waren geschlossen, als würde sie schlafen, und ihre falschen Wimpern sorgfältig angebracht. Ihre Lippen waren makellos, voll und mit einem rosa Schimmer, und die Fasern des Palmenstamms, die ihr Gesicht mit einem struppigen grauen Bart bedeckt hatten, waren behutsam entfernt worden. Ihr Haar war zum Teil ersetzt und zu einem kunstvollen Arrangement geschmeidiger, wallender Locken frisiert worden, die über das Kissen fielen und sich verspielt um ihre Schultern ringelten.

Ich war zutiefst erleichtert von dem Wissen, dass Mamma

nun erhobenen Hauptes in ihr Grab sinken konnte, und ich war Signora Pompi schrecklich dankbar dafür, dass sie ihr ihre Würde wiedergegeben hatte. Später, im Empfangsbereich, gab mir die Signora ein Glas Limonade und ein paar Honigplätzchen, und das war die erste Mahlzeit, die ich seit dem Unfall zu mir nahm.

Als ich wieder ins Freie kam, entdeckte ich Fiamma auf der anderen Straßenseite mit einer Clique von Jungen, die auf ihren *motorini* dumm und gefährlich aussahen. Am Abend des Unfalls hatte sie ihrem zuverlässigen festen Freund Ruperto, einem Medizinstudenten, den Laufpass gegeben. »Es gibt keine Zukunft für uns«, hatte sie ihm erklärt, bevor sie hinter Norberto der Nulpe auf dessen Motorroller stieg, ausgerechnet Norberto, der weithin, selbst in seiner eigenen Familie, als der beschränkteste Bursche unseres Viertels galt.

Ein paar Tage später folgte der Trauergottesdienst, der in der Chiesa di Santa Griselda della Pancia stattfand, der kleinen, Künstlern und Entertainern gewidmeten Kirche. Onkel Birillo, der sich meinen Bitten und Drohungen schließlich fügte, war ins Krankenhaus gekommen, um mich abzuholen. Er brachte die Trauerkleidung mit, die Tante Ninfa besorgt hatte: ein Kleid mit breiter Schärpe und Puffärmeln und eine Baskenmütze mit einem riesigen Pompon obenauf. Zu jedem Geburtstag und jedem Weihnachtsfest schenkte sie mir Kleinmädchenkleider, sie konnte einfach nicht akzeptieren, dass ich sechzehn war, nicht sechs.

Und so, herausgeputzt wie ein zu groß geratenes Kleinkind, wurde ich für die Fahrt durch die Stadt auf die Rückbank eines Kleintransporters verfrachtet. Ich wunderte mich, dass die Sonne schien, dass Leute herumliefen, dass Geschäfte geöffnet hatten und alles seinen gewohnten Gang ging. Verkäufer boten mit gellenden Stimmen ihre Waren feil: »Frittierte Reisbällchen«, »Artischocken«, »Zwiebeln«, »Hühnerlebern – frisch, frisch, frisch«. Eine Reihe Kleinkinder in Trägerkleidchen überquerte vor uns die Straße, sich sorgsam paarweise bei den Händen haltend. Fahrräder fuhren vorüber, und Ponykutschen bimmelten mit ihren Glocken; Autos und Lastwagen schossen vorbei. Eine zerquetschte Ratte lag im Rinnstein. In der Luft lag der schwefelige Geruch von Teer, der in einem Kessel brodelte, der Geruch von Abwässern, von vermoderndem Müll. Die gewohnten Tauben gurrten und scharrten. Alles war normal. Nur dass meine Mamma tot war.

Auf der Straße vor der *chiesa* wimmelte es von Leuten, die eine Gasse für uns bildeten. Blitzlichter explodierten in meinem Gesicht. Bilder von mir würden in den Abendzeitungen erscheinen. Ich besitze noch immer das Album mit den Ausschnitten und den Nachrufen. Mit offenem Mund und geschlossenen Augen stand ich da, und mein verletzter Nacken wurde von der riesigen Baskenmütze auf meinem Kopf nach unten gedrückt. Ich sah aus wie ein Armleuchter.

Wir schienen die Letzten zu sein, die sich zu dem Gottesdienst einfanden, und die ganze Gemeinde wandte sich zu uns um, als wir durch die Türen traten, der Gipsverband voran, dann ich, und zuletzt Onkel Birillo. Weihrauch stieg mir in die Nase, sodass der Schleim aus ihr strömte. Ich weiß noch, dass genügend Leute da waren, um ein Fußballstadion zu füllen. Tatsächlich gab es gar nicht genug Plätze für sie alle, viele standen in den Seitenschiffen und hinten am Eingang. Wir traten mit gebührend bedächtigen Schritten vor, im Takt zu dem Requiem, das vom Chor gesungen wurde, und es schien eine Ewigkeit zu dauern.

Viele der Damen sahen mich an und brachen in Tränen aus, sodass ihnen ihr Mascara in verschmierten Streifen über die Wangen lief.

Ich erkannte Signor Saltini, den *padrone* des Magnolia-Clubs, in dem Mamma der Star war. Seine Augen waren wund vom Weinen, und seine eindrucksvolle Warze pochte. Er warf mir eine Kusshand zu und brach dann an dem falschen Busen von Mimi Fini zusammen, der Imitatorin, mit der sich Mamma eine Garderobe geteilt hatte. Dann folgte das pfeifende Geräusch von Luft, die durch ein entstandenes Loch entwich.

Die Mitglieder von Mammas Band, L'Elastico, standen Schulter an Schulter und schluchzten in vollkommener Harmonie; ihr Wehklagen reichte von dem des hoch gewachsenen Ivo, des Kontrabassisten, dessen Trauer volltönend und tief war, bis hin zu den schmetternden Stoßseufzern von Gianandrea, der für sein Trompetenspiel berühmt war.

Der Chor war ein Gewusel aus Pailletten, Federn und Verzweiflung, die Cocktailkellnerinnen waren hysterisch, und die Barmänner heulten. So viele Stammgäste des Magnolia hatten sich eingefunden, dass die kleineren bei den größeren auf dem Schoß sitzen mussten, und sie trösteten einander, so gut sie konnten.

Etliche Prominente waren auch anwesend. Ich erkannte den Mann, der in dem Film *Galassia 17* den Außerirdischen gespielt hatte, obwohl er weder das zusätzliche Auge auf seiner Stirn noch die spitz zulaufenden Verlängerungen an seinen Ohren befestigt hatte. Dann sah ich den Mann, der die Nachrichten verlas, die Frau, die das Wetter vorhersagte, und die eineiigen Zwillinge, die in den Werbespots für Zecca-Zahncreme auftraten. Mamma wäre wirklich stolz gewesen, dass all diese berühmten Leute gekommen waren.

Etwas weiter vorn saß Mammas Agent, Vittorio Bruschi, zwischen seinem Gefolge: seiner Sekretärin Norma, die von Zeit zu Zeit seinen Kopf mit einer Puderquaste betupfte; seiner drallen Geliebten Valentina, die er immer als seine Nichte ausgab, und seinem Schneider, seinem Friseur, seinem Masseur, seinem Chauffeur und seiner Leibwache, bestehend aus drei Mann.

Die restlichen Bänke waren von den Leuten unseres Viertels besetzt. Da war Signor Russo, dem der Zeitungskiosk gehörte; Signora Fognante, die von einem auf dem Kopf balancierten Tablett Kutteln verkaufte; der zahnlose Straßenkehrer, dessen Namen ich nie wusste; und der Verrückte, der als Mönch verkleidet Lieder sang, während er sich in unserem Brunnen die Füße wusch. Alle Bewohner unseres Gebäudes waren da: Papa Giovanni, Signora Semifreddo, Signora Mantelli und Maria Assunta mit ihrem Sohn Remo, den ich liebte, heimlich und hoffnungslos. Als ich sie alle sah, in ihren feinen Kleidern, und wie sie mit solch traurigen Augen zu mir hersahen – das war der Augenblick, in dem ich an jenem Tag zum ersten Mal weinte, und als ich erst einmal damit begonnen hatte, hörte ich nicht mehr auf.

Ganz vorn, auf einem Podest vor dem Hochaltar, stand der Sarg aus glänzendem Holz, umgeben von Gestecken weißer Blumen: Lilien, Rosen und Dahlien. Mir wurde übel, als ich ihn dort sah, in dem Bewusstsein, dass Mamma darin eingeschlossen war.

Neben Tante Ninfa in der ersten Reihe saß Fiamma. Sie sah eingefallen und gequält aus, wie ein kleines, verängstigtes Mädchen, obwohl sie sich seit der Tragödie stets den Anschein gegeben hatte, tapfer zu sein. Onkel Birillo stellte mich im Mittelschiff ab, und ich streckte die Hand nach ihr aus. Sie fiel mir in die Arme, und augenblicklich wurden wir von Schluchzern überwältigt. Tante Ninfa stimmte mit ein. Sie ist wahrhaftig die lauteste Frau, die ich je gekannt habe, und ihre Trauertrompeten während des ganzen Gottesdienstes reichten mitunter aus, um die Worte des Priesters zu übertönen und bisweilen sogar den Chor der Oberschwestern, den Onkel Birillo zu beträchtlichen Kosten engagiert hatte. Seine missbilligenden Blicke auf seine Frau reichten nicht aus, um sie zum Schweigen zu bringen; tatsächlich erzielten sie genau die gegenteilige Wirkung. Mit einem trotzigen Funkeln in ihren nassen Augen schluchzte sie nur noch lauter.

Eingezwängt in meine Halskrause und meinen Gipsverband, sah ich mich in einem Albtraum gefangen, aus dem es kein Erwachen gab.

Während die Oberschwestern das Ave-Maria sangen, zogen wir nacheinander an dem Sarg vorbei. Als sie an der Reihe war, küsste Tante Ninfa ihn und hinterließ einen schleimigen Schmierfilm aus rosa Lippenstift, wie eine Schneckenspur, den Onkel Birillo nur unvollständig mit seinem Taschentuch entfernen konnte.

Später, als sie Mamma in ihr Grab hinunterließen, fühlte sich mein Herz so dünn und leblos an wie die längst tote Eidechse auf dem Fußweg, auf die jeder getreten war.

Vier

Als ich aus dem Krankenhaus entlassen wurde, stellte ich mit Schrecken fest, dass es nicht nach Hause ging, sondern zu Onkel Birillo und Tante Ninfa. Fiamma und ich würden bei ihnen in Aurelio leben, in einem dieser seelenlosen modernen Blocks mit Blick auf genau die Straße, auf der sich der Unfall ereignet hatte, allerdings rund zwanzig Kilometer weiter zur Küste hin.
Unter Protest war Fiamma bereits dort eingetroffen. Unsere eigene Wohnung in der Via Giulia auf der anderen Seite des Flusses war ausgeräumt und aufgegeben worden. Sie war nun an einen Zahnarzt mit einem Holzbein und einer vagen Verbindung zu Tante Ninfas Friseur vermietet. Es gab kein Zurück mehr.
Alles hatte sich so rasch verändert: Es war, als hätte es unser anderes Leben nie gegeben. Ich hatte nicht einmal die Gelegenheit gehabt, mich von irgendjemand zu verabschieden: von Signora Mantelli, die nach den Aniskugeln roch, die sie immer lutschte, und die uns jeden Winter Fäustlinge strickte; von Papa Giovanni über uns, der uns mit einer winzigen Schere Figuren aus gefaltetem Papier ausschnitt; und von Signora Semifreddo, die uns gegenüber auf derselben Etage wohnte und jeden Nachmittag um fünf Uhr zehn Minuten lang schluchzte. Und unter uns von der Verwalterin des Gebäudes, Maria Assunta, die die Böden des

Gemeinschaftsbereichs polierte, bis sie solch strahlende Szenen widerspiegelten, dass sie in ihren glänzenden Tiefen ein bunteres Leben zu enthalten schienen als das, das auf der Oberfläche gelebt wurde. Und natürlich von Remo, der immer so anmutig an irgendwelchen Ecken lehnte und mir in meinen fiebernden jugendlichen Träumen erschien. Ich sah ihn nie wieder.

Bei Onkel Birillo mussten Fiamma und ich uns zum ersten Mal in unserem Leben dasselbe kleine Zimmer teilen. Gott sei Dank hatten mein Onkel und meine Tante keine Kinder (sie waren nicht gesegnet worden, wie Tante Ninfa es etwas nebulös ausdrückte), aber sie hatten Signora Pucillo, Tante Ninfas Mutter, die ein fester Bestandteil ihres Lebens war und sie sogar auf ihrer Hochzeitsreise nach Taormina begleitet hatte.

Signora Pucillo freute sich nicht über die Aussicht, die ohnehin beengte Wohnung mit zwei jugendlichen Mädchen zu teilen, von denen sie eines als Mörderin ansah. Sie war jener Typ ältere Person, die die Jugend als Krankheit betrachtet und befürchtet, sich damit anzustecken. Doch ob mit oder ohne Signora Pucillos Segen, wir wurden in der Wohnung meines Onkels in der Via Gregorio Sette einquartiert, und auch wenn es für sie ein schwacher Trost war: Uns gefiel dieses Arrangement auch nicht besser als ihr.

In jenen ersten Monaten nach dem Unfall war Fiamma furchtbar ruhelos und wusste nichts mit sich anzufangen. Sie gab ihren Platz an der pädagogischen Hochschule auf, um den sie sich so eifrig bemüht hatte, und ging in kurzen Abständen den unterschiedlichsten Beschäftigungen nach. Für ein paar Tage wurde sie Fremdenführerin im Kolosseum, empfand jedoch das Zenturiokostüm als zu stickig und schwer, und der Helm klebte ihr immer wieder am Kopf fest. Danach versuchte sie sich als Hundepflegerin auf einer Welpenfarm, Mischerin in einer Klebstofffabrik, Künstlermodell, Packerin bei einem Großhändler für Gegenstände des religiösen Bedarfs, Croupière in einem Nachtclub, Keksverkosterin, Fensterputzer und Rattenfängerin. Das Fass lief über, als sie sich zur Marine meldete und heimlich ihre Taschen packte.

In jener Nacht, endlich allein und frei von ihrem allnächtlichen Brummeln, schlief ich so gut wie noch nie seit dem Unfall. Aber nur für eine Nacht. Im Morgengrauen, als die Gangway gerade hochgezogen werden sollte, stürmte Tante Ninfa das Schiff und forderte die Herausgabe ihrer Nichte. Und so wurde Fiamma in die Vorstadt zurückgezerrt, auch wenn ihr Widerstand in Wahrheit nur halbherzig war. Eine Nacht in dem übel riechenden Schlafraum mit elf stämmigen Matrosinnen hatte gereicht, um sie zu überzeugen, dass sie einen Fehler begangen hatte, und auch wenn sie Tante Ninfas wegen reichlich Tränen vergoss, hätte sie sie in Wirklichkeit doch am liebsten umarmt.

Aber mein Onkel und meine Tante hatten genug von Fiammas Flausen. Noch an dem Tag, an dem sie von *Nettuno* in Gestalt meiner Tante gerettet worden war, ließ Onkel Birillo seine Beziehungen zum Ministero degli Affari Esteri spielen und erreichte für Fiamma im Gegenzug für diverse Gefälligkeiten eine Büroanstellung mit guten Aussichten und einem guten Gehalt. Glücklicherweise fand Fiamma Gefallen an dem Job und konnte sich im Laufe der Jahre zu einer leitenden Stellung hocharbeiten, mit eigenem Büro, eigener Sekretärin und, beneidenswerterweise, eigenem Executive-Waschraum. Sobald sich ihr Talent bis zu den hohen Tieren herumgesprochen hatte, war sie nicht mehr aufzuhalten und wurde in Geheimaktivitäten verwickelt, deren wahre Natur nur Fiamma, einer Hand voll Leute im Geheimdienst und dem Ministerpräsidenten selbst bekannt war.

Aber hier greife ich vor; damals, im Herbst 1965, teilte ich zwar nicht Fiammas Unsicherheit hinsichtlich meines beruflichen Werdegangs, aber ich war auch noch nicht in der Verfassung, ihn in Angriff zu nehmen. Selbst nachdem man die Verbände von meinem Kopf gewickelt, die Halskrause von meinem Nacken entfernt und den Gips von meinem Bein geschält hatte, musste ich mich noch immer jeden Werktag zur Behandlung ins Krankenhaus begeben. So schleppte ich mich jeden Montag-, Mittwoch- und Freitagmorgen auf Krücken in die physiotherapeutische Abteilung. Dort bearbeitete eine sadistische Therapeutin namens Drusilla Morelli mein Schleudertrauma mit ihren muskulösen Unterarmen, bis mein Nacken unterwürfig knackte und ich eine drückende Flüssigkeit um die Basis meines eingedellten Schädels schwappen spürte, von der ich matt und benommen wurde. Wenn mein Nacken nachgegeben und Drusilla Morellis Überlegenheit anerkannt hatte, wurde mein übel zugerichtetes Bein mit Eis und einer Reihe von Verrenkungen gefoltert, für die es ganz offensichtlich nicht geschaffen war.

Meine seelischen Narben sollten weniger leicht heilen. Nachts lag ich stundenlang wach und lauschte der Kakophonie von Geräuschen, die Fiammas schlafender Gestalt entwich. Sie verursachte im Schlaf mehr Lärm als im wachen Zustand, und immer wieder überraschte sie mich mit ihrer Bandbreite: ein Grunzen wie ein liebestoller Gibbon; ein Schnarchen, als würde die Erdkruste auseinander brechen; gedämpftes Wimmern, Stöhnen, feuriges Flüstern, Beißgeräusche von Backenhörnchen; Schnauben, Jaulen,

Wiehern. Wie viel davon auf den Unfall zurückzuführen war, konnte ich nicht sagen, da bislang niemand je ein Schlafzimmer mit ihr geteilt hatte, aber ich neige zu der Ansicht, dass dies ihr natürlicher Zustand war und die Tragödie wenig oder nichts damit zu tun hatte.

Meine Schlaflosigkeit wurde auch nicht gerade gelindert durch die Rastlosigkeit der Stadt nach Einbruch der Dunkelheit: durch den unaufhörlichen Verkehr auf der Via Gregorio, die Kakophonie von Sirenen, die Serenaden betrunkener Lüstlinge, das Heulen tollwütiger Hunde, durch die Pistolenschüsse, Feuerwerkskörper, dröhnenden Hupen, das Geschrei, Gebrüll und überhaupt, durch den allgemeinen Aufruhr. In unserer eigenen Wohnung, in unserem süßen und sanften Viertel auf der anderen Seite des Flusses, hatte ich einen solchen Lärm nicht gekannt, aber andererseits war mir auch Schlaflosigkeit fremd gewesen.

Wenn ich es schließlich doch schaffte einzuschlafen, wurde ich von entsetzlichen Träumen heimgesucht. Meistens saßen wir wieder in dem Wagen und schossen den Hügel hinunter, auf den alten Mann zu, der uns in den Weg gelaufen war und mit offenem Mund dastand. Ich hörte deutlich, wie sich Mammas schönes Lied auf ihren Lippen in einen Schrei verwandelte, mit dem der alte Mann und ich in einen grässlichen Wettstreit traten. Bevor der Wagen anhalten konnte, wurde ich im Allgemeinen von Onkel Birillo, dessen Schnurrbart mit einem Streifen Hansaplast gesichert war, aus meinem Albtraum gerüttelt, oder ich wachte unter Tante Ninfas erdrückendem, nach Verbene riechendem Busen auf, in dessen Duft ich gehüllt wurde. Wenn ich besonders großes Pech hatte und Signora Pucillo zuerst bei mir eintraf, konnte ich damit rechnen, von ihren arthritischen Fingern wachgekniffen zu werden, und im hereinscheinenden Licht des Flurs war das Erste, was ich von der Wirklichkeit sah, der alles andere als beruhigende Anblick eines Gesichts wie Donner, abzüglich seiner Zähne und umrahmt von einer riesigen Schlafmütze aus erbsengrüner Gaze. Während des ganzen Spektakels schnarchte, stöhnte und schnaubte Fiamma seelenruhig weiter.

Wenn ich dienstags und donnerstags die Tagesklinik der psychiatrischen Abteilung aufsuchte, hörte mir Dr. Boncoddo nur mit halbem Ohr zu, und schon bald begann ich zu befürchten, die stete Wiederholung meines Traumas und meiner Albträume könnte ihn langweilen. Ich tat mein Bestes, um mir Abwandlungen einfallen zu lassen, aber selbst dann zeigte er nur wenig Interesse.

Eines Donnerstags, noch bevor ich zu einer neuen und völlig frei erfundenen Auswahl an Ängsten und Sehnsüchten ausholen konnte, die ich mir vorher zurechtgelegt hatte, fiel mir auf, dass der Doktor weinte. Als ich ihn fragte, was ihn bedrückte, war es, als würde ein gewaltiger Damm brechen. Die Belastung, sich den ganzen Tag die Sorgen anderer Leute anhören zu müssen, gepaart mit einem unglücklichen Privatleben, brachte ihn an den Rand eines Zusammenbruchs.

Er verdächtigte seinen Liebhaber, Nicodemo, eine Affäre mit dem lüsternen Schlachter Fontanelli zu haben; Nicodemos verschwenderischer Lebensstil hatte ihn hoch verschuldet; seine Mutter war krank; sein Moped war an jenem Morgen gestohlen worden; er war brutal überarbeitet; und sein Abteilungsleiter, Dr. Farranda, war ein Tyrann, der ihn nicht verstand. Aufgrund all dieser Furchtbarkeiten hatte er einen unansehnlichen Ausschlag entwickelt, die Haare fielen ihm aus, und zu allem Überfluss litt seine Libido.

Von diesem Tag an musste ich Dr. Boncoddo nicht mehr unterhalten, und ich verspürte darüber eine immense Erleichterung. Denn während unserer Sitzungen hörte nun ich ihm schweigend zu, nickte nur von Zeit zu Zeit mit dem Kopf und sog alles, was er mir erzählte, wie ein Schwamm in mich auf. Obwohl ich erst sechzehn war, gewann ich reichlich Lebenserfahrung, was mir, wie ich glaubte, in Zukunft nur nutzen konnte. Was noch wichtiger war, ich lernte daraus, dass die Psychiatrie mir nicht helfen konnte, über Mammas Tod hinwegzukommen; tief in mir wusste ich, dass die einzige Person, auf deren Hilfe ich mich verlassen konnte, ich selbst war.

Bis ich zu diesem Schluss kam, war bereits Weihnachten, unser erstes Weihnachten ohne Mamma. Verblichene Papierketten hingen auf einmal in der Physiotherapie, und Drusilla Morelli begann, spaßeshalber ein Rentiergeweih zu tragen. In der Psychiatrie wurde die Atmosphäre zusehends frostiger, je näher die alljährliche Abteilungsparty heranrückte, die nach Dr. Boncoddos Worten jedes Mal ein Blutbad war. In der Via Gregorio erwarteten wir zwar keine großen Feierlichkeiten, aber niemand von uns hätte vorhersagen können, wie kläglich es tatsächlich sein würde.

Die kostbaren Krippenfiguren, die wir gesammelt hatten, seit wir klein waren, waren bei dem Umzug aus der Via Giulia verloren gegangen, und ohne sie konnte es kein Weihnachten geben. Onkel Birillo versuchte uns aufzumuntern, indem er ein paar Ballons aufblies, aber sein Asthma hielt ihn davon ab, mit der erforderlichen Entschlossenheit ans Werk zu gehen, ohne die sie traurig und zusammengeschrumpelt dalagen, mit einer Hülle wie vertrocknete Trauben.

Ich musste immerzu an unser gewohntes Weihnachtsfest

mit Mamma denken: die Party im Magnolia-Club, für die wir immer ein neues Kleid bekamen. Es war ein selten gewährtes Vergnügen, Mamma auftreten zu sehen, und freudige Erregung erfasste mich jedes Mal, wenn ich sie unter den hellen Lichtern auf der Bühne sah, wo sie wie eine glamouröse Fremde aussah, nicht wie unsere eigene vertraute Mamma. Dieser Eindruck verstärkte sich, wenn sie diese Bing-Crosby-Nummern sang – »White Christmas«, »Jingle Bells« und »Rudolph the Red-Nosed Reindear« –, in einem schwer akzentuierten Englisch, einer Sprache, die sie nicht verstand. Was gab das für einen Applaus im Publikum! Und später überschüttete Signor Saltini uns mit kostbaren Geschenken und schickte uns in seiner Limousine nach Hause. Unsere kleine Küche füllte sich mit Granatäpfeln, Marzipanengeln, mit Feigen gefüllten Plätzchen, Haselnusskrokant, Trockenfrüchten und dem Duft gerösteter Kastanien, und Mamma machte ein spezielles *castagnaccio*, das wir unter unseren Nachbarn verteilten. Wir gingen zur Messe und dann auf den Rummelplatz; wir spielten *tombola*, tanzten zu der Musik auf dem Grammofon, und abends statteten wir, aus einem Pflichtgefühl heraus, Onkel Birillo und Tante Ninfa einen Besuch ab.

In diesem Jahr war Tante Ninfa aus unerfindlichen Gründen die ganzen Feiertage über in einer verbiesterten Stimmung. Sie weigerte sich, mit Onkel Birillo zu sprechen oder ihm zuzuhören, und zwang den Rest von uns, Botschaften zwischen ihnen zu übermitteln, selbst wenn sie in ein und demselben Zimmer saßen.

»Freda, richte deinem Onkel aus, dass ich ein Kilo der guten Kutteln von Tripoto brauche und einen Beutel Zuckermandeln.«

»Fiamma, erinnere deinen Onkel daran, dem Brotjungen

sein Trinkgeld zu geben – dem kleinen mit den Geschwüren – und dem Straßenkehrer.«
Dann, nachdem sie ihre Anweisungen ausgegeben hatte, zog sie sich in die Küche zurück und knallte die Tür hinter sich zu, nur um augenblicklich wieder aufzutauchen, wie eine Figur aus einer Schweizer Uhr. Es war daher nicht verwunderlich, dass all die Weihnachtsbäckerei, die sie in ihrer Wut in Angriff nahm, missglückte. Der *pangiallo* aus kandierten Früchten, Nüssen, Rosinen und Mandelmasse war ein bleiernes Teil, das den Überzug von Signora Pucillos falschen Zähnen zertrümmerte. Da der Zahnarzt erst nach Dreikönig wieder öffnete, war die Signora gezwungen, sich ihr Essen wie das eines Babys zu Brei zerquetschen zu lassen, was ihre eigene gereizte Stimmung nicht aufhellte. Der *maiale porchettato*, den Tante Ninfa zubereitete, vergiftete Fiamma und Onkel Birillo, und die beengte Wohnung wurde bald vom Geräusch heftigen Erbrechens erfüllt. Gott sei Dank blieb ich davon verschont: Schon damals hatte ich, wie heute noch, einen eisernen Magen.
Trotz meiner eindeutigen Anspielungen in den vorangegangenen Wochen ging mein Papagei-Wunsch nicht in Erfüllung, und ich kochte vor Wut. Mamma hatte mir einen Papagei versprochen, und das Patchwork-Kissen, der Koboldhut und der kleine, stachelige Kaktus, lauter Dinge, die mein Onkel und meine Tante besorgt hatten, waren in meinen Augen kein angemessener Ersatz. Ich warf sie aus dem Fenster, und sie landeten auf dem Kopf eines vorbeikommenden Priesters.
Es war für uns alle eine Erleichterung, als die Feiertage vorüber waren; Onkel Birillo und Fiamma konnten aufhören, sich zu übergeben, und wieder zur Arbeit gehen. Tante Ninfa hörte auf, wütend zu sein, und wurde stattdessen

weinerlich. Sie schlüpfte in die Rolle einer Märtyrerin und vertilgte Unmengen von Marzipanfrüchten. Wenigstens konnte sie nun ihre täglichen Besuche bei Raffaello, ihrem Friseur, wieder aufnehmen, den sie als einen Weisen betrachtete und dessen launische und oftmals widersprüchliche Ratschläge sie sklavisch befolgte. Signora Pucillo konnte ihre falschen Zähne richten lassen und wieder zu ihrem Senioren-Lunchclub gehen, wo sie fortfuhr, mit dem Flittchen Telma Maccarrone um die Gunst des rüstigen Clubvorsitzenden Signor Felice zu buhlen.

Zu Beginn des neuen Jahres, 1966, beschloss ich, mein Leben, soweit ich konnte, selbst in die Hand zu nehmen. Ich kehrte nicht mehr in das Krankenhaus zurück und gab meine Krücken einem lahmen Bettler mit zu vielen Fingern an der rechten Hand. Nacken, Bein und Schädel waren praktisch wiederhergestellt, und es war Zeit für Drusilla Morelli, sich ein neues Opfer zu suchen. Ich wusste, dass Dr. Boncoddo mich brauchte, wollte aber nicht, dass er allzu abhängig von mir wurde: Letztendlich würde er erkennen, dass es nur zu seinem Besten war.

Ich vereitelte sowohl Onkel Birillos Pläne, mich wieder zur Schule zu schicken, als auch Tante Ninfas Machenschaften, mich bei ihrem Friseur in die Lehre zu geben. Stattdessen machte ich mich auf den Weg, um Signora Dorotea Pompi in ihrem Bestattungsinstitut im Vicolo Sugarelli aufzusuchen.

Fünf

Signora Pompi hatte mich nicht vergessen. Sie warf die Arme um mich und bewunderte den Erfolg und den raschen Fortschritt meiner Genesung. Ich sagte ihr, dass ich Einbalsamiererin werden wollte, und sie war entzückt, mich als Praktikantin aufzunehmen. Wie sich herausstellte, hatte sie seit mehreren Wochen mit einem Aushang im Arbeitsamt nach einem Gehilfen gesucht, aber bis auf einen pickeligen jungen Mann, der sein Hobby auf dem Bewerbungsformular mit Nekrophilie angab, hatte niemand Interesse bekundet.

Ich hätte kein prestigeträchtigeres Unternehmen wählen können, um meiner Berufung zu folgen. Die Familie der Signora bestand seit unzähligen Generationen aus Bestattungsunternehmern und Einbalsamierern. Sie hatten nicht nur jeden Papst seit Gregor dem Großen zu Grabe getragen, sondern, wie mir die Signora anvertraute, sogar den heiligen Petrus selbst einbalsamiert.

Sie führte mich durch die Räumlichkeiten. Hinter der Eingangshalle – wo Calipso Longo, die mütterliche Empfangsdame, die Hinterbliebenen begrüßte – befanden sich zwei Totenkapellen, der Personalraum und das Büro. Dahinter lag der Hof, in dem der private Krankenwagen geparkt wurde, und ihm schlossen sich das Lager mit den Särgen und weiterem Zubehör an, der Kühlraum, in dem die Leichen in Schubladen ruhten wie in einem riesigen Aktenschrank, und die Einbalsamierungshalle, in der ich arbeiten würde.

Es war ein heller, mit weißen Kacheln ausgekleideter Raum, der mit dem nach Geranien duftenden Desinfektionsmittel gereinigt wurde, auf das Tante Ninfa schwor. Zu beiden Seiten befand sich jeweils ein schräg abfallender Metalltisch mit einem Becken an seinem Fußende, und Gummischläuche hingen fein säuberlich aufgerollt an den Wänden. Auf einem Rollwagen aufgereiht lag eine Anzahl chirurgischer Instrumente, und zwischen den Tischen standen mehrere riesige, mit einer hellrosa Flüssigkeit gefüllte Container.

Wir schlüpften in grüne Overalls – ich borgte mir einen von der Signora, in dem ich unterging (bald würde ich meine eigenen haben, mit meinem Namen in schwarzen Lettern über die Brusttasche gestickt: »Freda Castro«) – und weiße Gummistiefel (zum Glück hatten unsere Füße dieselbe Größe). Dann rollten wir Signora Fortuna aus dem Kühlraum und schoben sie auf einen Metalltisch.

Sie war am Tag zuvor eines natürlichen Todes gestorben – tatsächlich war Signora Fortuna, ihrem Geburtsdatum zufolge, einhundertundelf Jahre alt geworden –, und für mich sah sie aus, als würde sie schlafen. Abgesehen davon natürlich, dass sie zu reglos und zu still war und ihr winziger Körper keine lebende Gegenwart mehr besaß. Sie war wie eine sehr alte, zusammengeschrumpfte, runzlige und leicht kahl werdende Puppe.

Wir zogen Signora Fortuna ihr Nachthemd aus und wuschen sie mit einem keimtötenden Schwamm ab. Sie sah sehr verletzlich aus, wie so nackt dalag, und ich war ihretwegen ein wenig verlegen, aber ich hoffte, dass sie wusste, dass sie in guten Händen war.

Ich ekelte mich nicht ein bisschen – vielmehr war ich fasziniert –, während mir Signora Pompi im Verlauf unserer Arbeit alles erklärte. Zuerst griff sie nach einem Skalpell und nahm an der rechten Seite des Halses ein paar Einschnitte vor: in die Halsschlagader und in die Jugularvene. Dann führte sie zwei Schläuche ein – einen, um die Einbalsamierflüssigkeit hineinzupumpen, und den anderen, um das im Körper aufgestaute Blut abfließen zu lassen.

Während ich zusah, konnte ich erkennen, wie sich die Adern mit der rosa Flüssigkeit füllten und Signora Fortuna ein gesundes rötliches Aussehen verliehen. Als die Adern in ihren winzigen Füßen zu schwellen begannen, wussten wir, dass wir genügend Flüssigkeit zugeführt hatten, und stellten die Pumpe ab. Gleichzeitig floss Blut durch den anderen Schlauch ab und wurde zur Entsorgung in einer Trommel gesammelt.

Dann nähte Signora Pompi die Einschnitte, die sie mit chirurgischer Präzision vorgenommen hatte, wieder zu, und vernähte außerdem den Mund mit einem Stich, damit er geschlossen blieb.

»Es ist sehr wichtig, dafür zu sorgen, dass die Lippen natürlich aufeinander liegen«, sagte sie. »Wir können doch nicht zulassen, dass sie vor den Verwandten einen Schmollmund zieht.«

Als Nächstes wurde sie gründlich mit Seifenwasser gewaschen, ihre Fingernägel wurden gereinigt, und das Haar wurde shampooniert. Signora Pompi erlaubte mir, es zu föhnen, und ich tat mein Bestes, um es aufzulockern und so aussehen zu lassen wie auf der Fotografie, die die Familie uns gegeben hatte, obwohl ein Großteil ihres Haars ausgefallen sein musste, seit das Bild aufgenommen worden war.

Dann kleideten wir Signora Fortuna an: Winterunterwäsche, Strumpfhosen, ihr winziges Brautkleid – das mit den Jahren vergilbt war – und Satinpantoffeln, die sie zuletzt als Braut getragen hatte, damals, 1872.
Schließlich schminkte Signora Pompi ihr Gesicht mit einer speziellen Leichenkosmetik – Puder, Rouge und Lippenstift, wobei sie Acht gab, sie so lebensecht wie möglich aussehen zu lassen.
»Ich würde sagen, sie sieht nicht einen Tag älter als fünfundsiebzig aus«, sagte Signora Pompi stolz, als sie einen Schritt zurücktrat, um die Wirkung ihres Werks zu bewundern. Und ich war der Meinung, Signora Fortuna sah tot sogar noch besser aus als zu ihren Lebzeiten.
Schließlich war sie so weit, in den *Ultima-Cena*-Luxussarg gebettet zu werden, den ihre Söhne ausgewählt hatten; die letzten Änderungen wurden vorgenommen, und sie wurde hinüber in die Totenkapelle gerollt, um ihre Verwandten und Freunde zu empfangen.
Ich war so beeindruckt von Signora Pompi, dass ich die beste Schülerin werden wollte, die sie je haben würde, und ich hoffte, so weit zu kommen, dass sie eines Tages wirklich stolz auf mich war. An jenem Abend ging ich noch bei der öffentlichen Bibliothek vorbei und lieh mir alle Bücher über Einbalsamierungen aus, die ich kriegen konnte. Ich war überglücklich und wirklich froh darüber, meine wahre Berufung gefunden zu haben.
Bedauerlicherweise erstreckte sich meine Freude darüber nicht auf meinen Onkel, meine Tante und Signora Pucillo.
»Du wirst was tun!?«, scholl es mir dreistimmig entgegen, als ich ihnen verkündete, was ich zu tun gedachte. Ich sah mich nach moralischer Unterstützung durch Fiamma um, aber sie war nicht da. An jenem Abend war sie mit Signor

Cremoso ins Kino gegangen, dem Mann, der den ganzen Sommer in einem Kiosk auf der Piazza di Spagna *gelati* verkaufte. Im Winter war er gezwungen, seine Dienste als Aushilfsbodenpolierer dem Ministerium anzubieten, wo Fiamma ihn kennen gelernt hatte.

Mammas Prophezeiung hinsichtlich ihrer Zukunft beeinflusste Fiamma mehr, als sie zugeben wollte, sodass sie entschlossen war, nur mit Dummköpfen auszugehen. Sie verschmähte jeden, dem auch nur ein halbwegs gesunder Menschenverstand nachgesagt werden konnte, wie beispielsweise den armen Ruperto, der die Nächte noch immer seufzend unter unserem Fenster verbrachte, und steuerte stattdessen mit großer Bravour auf diejenigen zu, die schon Anzeichen von Debilität erkennen ließen.

Fiamma fühlte sich davon angezogen, wie Signor Cremosos Unterkiefer weit über seinen Oberkiefer hinausragte, wie bei einem dieser Neandertalermodelle, die im Museum für Naturkunde zu sehen sind. Allzu oft verwechselte sie Hässlichkeit mit Dummheit. Im Fall des Eisverkäufers fand sie beides. Neben seinem lang gezogenen Schädel besaß er außerdem nur einen einzigen Zahn, auch wenn ich sagen muss, dass es ein schöner großer war, den er voller Stolz vorn in seinem Mund zur Schau trug.

Das Rendezvous ließ sich recht gut an. Cremoso kaufte Fiamma das Popcorn, auf das sie erpicht war, und da er es sich nicht mit ihr teilen konnte, gab er sich mit einer Tüte minderwertigem, künstlichem Vanilleeis zufrieden. Der Film war ebenfalls gut. *Feuerball*, der eben erst in die Kinos gekommen war – eines dieser James-Bond-Abenteuer, die Fiamma so liebte.

Danach begleitete Cremoso Fiamma nach Hause und überlegte, ob er versuchen sollte, ihre Hand zu halten. Zwar hatte er eine Taxifahrt angeboten – was einem ganzen Tag Bodenpolieren entsprach –, aber Fiamma war noch nicht wieder bereit, sich einem Kraftfahrzeug anzuvertrauen. Der Gutenachtkuss vor den Augen des liebeskranken Ruperto, der wie üblich draußen lauerte, besiegelte das Schicksal dieser viel versprechenden Affäre.

Zitternd und fieberhaft spitzte der Eismann die Lippen und beugte sich vor. Wie es im Detail geschah, weiß niemand, aber der einzelne Zahn, in dem Bestreben, selbst eine Rolle zu spielen, biss glatt durch Fiammas Oberlippe. Fiammas Schrei durchschnitt die Nacht und brachte alle aus den umliegenden Gebäuden auf die Straße.

Der Blutverlust war fürchterlich. Lippen bluten gern nach Kräften, und Fiammas, mit »Korallengeflüster« stümperhaft beschmiert, bildeten keine Ausnahme. Blut schoss auf den Bürgersteig und formte einen Fleck, der noch immer da ist und von jedem begutachtet werden kann, der sich für Dinge dieser Art interessiert, gleich links neben den steinernen Stufen vor der Nummer dreihundertachtunddreißig.

Zu Fiammas Glück stand Ruperto mit seinem medizinischen Sachverstand bereit und stillte den Blutfluss rasch mit einem Tupfer, behandelte die Wunde mit antiseptischer Creme und flickte sie mit Hansaplast. All diese Dinge trug er stets in seinen Hosentaschen bei sich, in weiser Voraussicht genau eines solchen Notfalls.

Er erhielt keinen Dank von Fiamma. Cremoso stand verloren daneben, in dem Bewusstsein, dass der Zahn ihm alles vermasselt hatte (wenn das noch einmal vorkommen sollte, würde er sich ernsthaft überlegen müssen, ihn entfernen zu lassen; obwohl es der letzte war, konnte er es sich nicht erlauben, sentimental zu sein). Onkel Birillo sah den

Schuldigen schräg von der Seite an und fragte Fiamma, ob sein Verhalten eine Tracht Prügel rechtfertigte, aber sie tat den Vorschlag mit einer Handbewegung ab. Erhaben zog sie sich in das Gebäude zurück, ohne Ruperto, der ihr das Leben gerettet hatte, eines zweiten Blickes zu würdigen. Tante Ninfa hatte Mitleid mit dem jungen Mann und lud ihn zu einer Tasse Kaffee ins Haus ein, da die Nacht kalt war und er schon seit mehreren Stunden dort gestanden hatte, aber Ruperto lehnte ab. Er wusste, dass sein Erscheinen in der Wohnung Fiamma in Rage bringen würde, und er konnte es nicht riskieren, dass sie ihn noch mehr hasste, als sie es ohnehin schon tat. Und so ließen wir ihn dort stehen, während die Kälte durch die dünnen Sohlen seiner Schuhe nach oben kroch, und traten in die Wärme des hell erleuchteten Salons, rösteten Kastanien im Ofen und schlürften dampfende Tassen heißer, süßer, mit Zimt gewürzter Milch.

Sechs

Gegen den Widerstand meines Onkels und meiner Tante, Signora Pucillos und auch Fiammas, die den Geruch von Formaldehyd nicht ertrug, der mir überallhin folgte und unser Schlafzimmer durchzog, setzte ich meine Ausbildung bei Signora Dorotea (wie ich sie bald nannte) fort, und die beiden folgenden Jahre widmete ich dem Erlernen meiner Kunst in all ihren Aspekten. Ich war ein Naturtalent, wie Signora Dorotea erfreut feststellte, und nachdem ich auf der Leichenbestatterschule mein Diplom mit Auszeichnung erworben hatte, schrieb ich mich für einen Aufbaukurs »Trauma« ein.

Die Anerkennung seitens meiner Verwandten erfolgte erst am 17. April 1968, an Signora Pucillos neunzigstem Geburtstag – dem Tag, an dem sie zu sterben beschloss. Es hatte einen Bridge-Nachmittag gegeben, wie üblich, und Signora Pucillo und Signor Felice hatten sich so gut geschlagen, dass ihnen der Erfolg zu Kopfe stieg, und bei einem der Rubber nahm sich der adrette Signore die Freiheit, unter dem Tisch eine Hand auf Signora Pucillos Schenkel zu legen. Obwohl kein Wort darüber verloren wurde, kam sie sich wieder wie ein junges Mädchen vor.

Tante Ninfa hatte Tee vorbereitet und sogar einen Kuchen mit rosa Zuckerguss gebacken, und es gab auch noch Geschenke: zwei Sätze nagelneuer Spielkarten, Leinenta-

schentücher, ein Sträußchen Flieder und ein perlenbesetztes Kleingeldportmonee. Das beste Geschenk aber kam von Signor Felice. In ein Blatt Papier gewickelt, auf das er mit zitternder Hand ein Liebesherz gezeichnet hatte, war ein winziger silberner Vogelkäfig, in dem zwei Miniatur-Singvögel saßen, zwischen Blattwerk aus rotem Emaille.
Signora Pucillos Glück war vollkommen. Sobald sich die Gäste verabschiedet hatten, setzte sie sich in ihren Sessel im Salon, und ohne irgendjemandem ein Wort zu sagen, nahm sie ihre Brille ab und starb.
Eine tränenreiche Tante Ninfa rief mich in der Arbeit an, und binnen weniger Minuten waren Signor Porzio und ich mit einem exquisiten Ebereschensarg auf der Ladefläche des Krankenwagens auf dem Weg nach Aurelio. Am nächsten Tag, in der Totenkapelle, wurde Signora Pucillo enthüllt, und ihre Schönheit im Tod ließ alle, die sie sahen, ihre Schlichtheit im Leben vergessen.
Signor Felice war untröstlich. Warum hatte er sie nicht vor vierzig Jahren geheiratet, als sie eine frische, jugendliche Witwe war und er ein Mann in der Blüte seiner Jahre, mit völliger Kontrolle über seinen Stuhlgang und einem willigen Geschlecht? Warum hatte er so viel Zeit vergeudet? Jetzt hatte er seine Chance verloren. Oh, er konnte es nicht ertragen!
Signora Dorotea drückte liebenswürdigerweise ein Auge zu und ließ ihn die Nacht in der Kapelle verbringen, wo der Körper den Geruch von Jasmin verströmte, und er verbrachte diese wenigen kostbaren Stunden damit, den Blick auf seine Angebetete zu richten und ihr im Detail das Leben zu schildern, das sie zusammen hätten haben können, wenn er nur nicht so dumm gewesen wäre.
Da endlich begriffen Tante Ninfa und Onkel Birillo meine

Berufung, und ich denke gern, dass sie auf mich ebenso stolz waren wie auf Fiamma.
Meine Schwester überraschte uns alle, indem sie zu dem Trauerempfang einen jungen Mann mitbrachte, den wir noch nie zu Gesicht bekommen hatten. Tante Ninfa stellte zwar erfreut fest, dass er ein vollständiges Gebiss besaß, doch der Rest verhieß nichts Gutes. Abgesehen davon, dass sein aufdringlicher Anzug und seine komödiantische Krawatte den für eine Beerdigung nötigen Respekt vermissen ließen und sein gefräßiges Verschlingen des rosa Geburtstagskuchens, der herumgereicht wurde, einen Mangel an guten Manieren verriet, war es sein Gesprächsstil, der ihn von allen vernünftigen Leuten abhob. Seine geschmacklosen Witze, die Beharrlichkeit, mit der er seine Zaubertricks vorführen wollte, sein wieherndes Lachen – all das war immer noch besser als seine Monologe über Fische oder verschiedene Arten von Mixed Pickles. Die ganze Zeit über beobachtete Fiamma unsere Reaktionen auf ihn, ohne mit der Wimper zu zucken, während ein Lächeln ihre Lippen umspielte.
Als alle Gäste, einschließlich des schrecklichen jungen Manns, gegangen waren und wir die Tassen und Teller spülten und den Salon aufräumten, bekundete Fiamma beiläufig ihre Absicht, ihn zu heiraten.
»Aber er ist doch ein absoluter Dummkopf!«, stieß Onkel Birillo entgeistert hervor.
Fiammas Augen glänzten vor Zufriedenheit.
»Umso besser«, entgegnete sie.

Sieben

In den Jahren nach dem Unfall arbeitete sich Fiamma im Ministerium von der Welpenfarm zu den mittleren Rängen hoch. Gleichzeitig arbeitete sie sich auf dem Gebiet ihres Liebeslebens von Signor Cremoso hinunter.

In jenen Tagen gab es im Ministerium weitaus weniger Frauen als heute, und Fiamma war in gewisser Weise eine Neuheit. Sie hatte die Auswahl unter einer stattlichen Anzahl junger Männer, die beeindruckt waren von ihrer Schönheit und ihrem kometenhaften Aufstieg, und ich muss sagen, Fiamma ließ nichts unversucht bei ihrer Suche nach einem Schwachkopf. Seit dem Eismann-Vorfall hatte sie versucht, ihre Affären im Privaten zu führen, aber ich weiß, dass sie dutzende von Liaisons hatte, deren Details sie mit ihrer üblichen klinischen Präzision in einem ledergebundenen Buch festhielt, das sie unter ihrem Kissen aufbewahrte.

Wenn sie außer Haus war, las ich es. Hier ist eine Kostprobe der Details, die sie unter jeder Überschrift aufzeichnete. Das Folgende ist ein Eintrag vom 23. März 1966:

KANDIDAT:	Miseno Numitore
KATEGORIE:	unterer Archivangestellter, Presseabteilung
RENDEZVOUS:	Spaziergang im Giardino del Quirinale, Kaffee auf der Piazza Barberini

KONVERSATION:	eintönig, aber vernünftig
HÄNDE:	oft nass und zitternd
KÜSSE:	speichelbehaftet
GESAMTURTEIL:	unzureichend dumm

Doch in einem Eintrag vom 17. April 1968, Signora Pucillos Geburts- und Todestag, las ich mit Interesse Folgendes:

KANDIDAT:	Polibio Naso
KATEGORIE:	Teejunge, Ermittlungsabteilung
RENDEZVOUS:	Mixed-Pickles-Fabrik an der Via Flaminia
KONVERSATION:	absolut geistesschwach
HÄNDE:	trocken, fest, wandernd
KÜSSE:	magisch!
GESAMTURTEIL:	viel versprechend
ERFORDERLICHE MASSNAHME:	Anschluss-Rendezvous mit Ehe als Ziel

Tatsächlich war das der letzte Eintrag in ihrem Notizbuch. Am nächsten Tag hatte Fiamma ihr Rastersystem aufgegeben und nur noch über die Seite gekritzelt: *Polibio Naso ist der perfekte Dummkopf. Erforderliche Maßnahme: ihn heiraten.*

Und sie tat es. Am Tag der Hochzeit, die rasch auf die Beerdigung folgte, blieb Fiamma irritierend fröhlich, obwohl Onkel Birillo, Tante Ninfa und ich entsetzt zusahen, wie sie sich wegwarf. Aber ich wusste, was niemand sonst wusste: Sie beruhigte ihr schlechtes Gewissen wegen des Unfalls, indem sie Mammas Prophezeiung für sie wahr werden ließ.

Am selben Tag, an dem Fiamma ihre Kleider für die Hochzeitsreise und ihre anderen Habseligkeiten für ihr Eheleben in der Via della Lupa zusammensuchte, packte ich ebenfalls meine Taschen. Ich war nun fast neunzehn und bezog meine eigene Wohnung. Zwar war es für die damalige Zeit ungewöhnlich, dass ein lediges Mädchen allein lebte, aber ich war für mein Alter sehr reif und wollte meine Unabhängigkeit, ich war, genau wie Fiamma, entschlossen, meinen eigenen Weg zu gehen.

Und so heiratete Fiamma Polibio in einer prachtvollen Zeremonie in der Santa Maria Maddalena – sie würde hier keine halben Sachen machen –, und als sie zum Traualtar schritt, fiel mir auf, dass sie sich die Narbe auf ihrer Stirn rot eingefärbt hatte, sodass sie hervorstach wie ein Stigma.

Hinten in der Kirche stand Ruperto, der Medizinstudent, der Mann, den Fiamma hätte heiraten sollen. Mit trockenen Augen und bleicher Miene sah er aus wie ein Mann, für den das Leben zu einer verwirrenden Farce geworden war. Diejenigen, die ihn kannten, waren beunruhigt von seinem Ausdruck stiller Verzweiflung und sich völlig darüber im Klaren, dass er am Rande einer Katastrophe schwebte.

Als die Jungvermählten in einer Ponykutsche und unter Konfettiregen davonfuhren, sah Ruperto von der anderen Straßenseite aus zu, und zwar von der Stelle, wo die Platane zum Gedenken an einen Mord mit einem kleinen Holzkreuz versehen und der Kanaldeckel korrodiert und reparaturbedürftig war.

Als Ruperto durch das rostige Gitter stürzte, um in dem höhlenartigen Labyrinth der Kanalisation, das die Stadt kreuz und quer durchzog, seinen frühen Tod zu finden, galt sein einziger Gedanke Fiamma, die aufgehört hatte, sich auch nur seiner bloßen Existenz zu entsinnen.

Acht

Früh am nächsten Morgen umarmte ich meinen Onkel und meine Tante, nahm den Pappkarton mit all meinen Habseligkeiten und brach auf in mein neues Leben.

»Willst du denn nicht ein paar Schweinebacken mitnehmen, Freda?«, winselte Tante Ninfa, während ihr die Tränen über das feiste Gesicht strömten.

»Nein, wirklich nicht, wo ich hingehe, gibt es etwas zu essen«, sagte ich und wandte mich zur Tür.

»Wenigstens ein bisschen *pecorino*? Ein paar Artischocken? Ich packe sie dir gleich ein.«

»Wirklich, nicht nötig.«

»Birillo«, heulte sie, »warum sagst du denn nichts?«

»Ninfa!« Er spie den Namen aus, als hätte er einen schlechten Geschmack. »Wie oft habe ich dir schon gesagt, du sollst mir nicht in die Ohren brüllen? Was soll ich denn sagen? Sie braucht keine Artischocken ...«

Ich schlüpfte hinaus, während die beiden sich voreinander aufbauten wie Ringer in einem Wettkampf. Ich wusste, es würde nicht lange dauern, bis der Krach hässlich werden würde, und nur etwas länger, bis sie begreifen würden, dass ich nicht mehr da war. Als ich in einen Bus in Richtung Centro Storico stieg, hörte ich noch immer das Heulen von Tante Ninfa, das weit über den Block hallte, über den donnernden Verkehr und die dröhnenden Hupen hinweg.

Meine Wohnung lag in der Via dei Cappellari, einer der schmalen Gassen, die vom Campo dei Fiori wegführten, nur ein paar Straßen entfernt von der Via Giulia, in der ich aufgewachsen war. Ich hatte augenblicklich das Gefühl, nach Hause zu kommen.

Ich riss die Fenster auf, um die Wohnung zu lüften, und bald waren meine Zimmer erfüllt von dem würzigen Geruch backenden Brots, der aus dem *forno* gegenüber herüberwehte. Die Wäsche, die zwischen den Gebäuden auf Leinen hing, flatterte wie leuchtend bunte Flaggen, die mich willkommen hießen. Hinter den Fensterläden der Nachbarwohnung hörte ich Geplauder und Gelächter, von irgendwoher dröhnten Radionachrichten, weinte ein Baby, und Sam Cook sang »What a Wonderful World«, begleitet von dem Klappern von Töpfen und Pfannen. Unten zuckelte der Straßenkehrer mit seinem Karren vorbei, Kinder spielten, Tauben pickten, streunende Hunde schnüffelten, und alle zerstreuten sich von Zeit zu Zeit, wenn ein Motorroller in schnellem Tempo vorbeischoss.

Ich war hellauf begeistert von alldem. Ich war unabhängig. Und ich war im Begriff, etwas zu tun, wonach ich mich seit einer Ewigkeit gesehnt hatte: Ich würde mir den Papagei anschaffen, nach dem ich mich inzwischen qualvoll verzehrte. Ja, in der Via Gregorio hatte es immer irgendwelche fadenscheinigen Gründe gegeben, die sich mir in den Weg stellten: Onkel Birillos Asthma, Signora Pucillos Phobien, die Missbilligung durch Tante Ninfas Friseur, Fiammas Weigerung, einen Vogelkäfig in unser Schlafzimmer zu lassen. Nun konnte ich endlich tun, was mir gefiel, und um meine neu gewonnene Freiheit zu genießen, ging ich gleich wieder hinaus.

Auf dem Viehmarkt in der Via Ponderosa wurden alle möglichen Tiere zum Verkauf angeboten. Ziegen, Kühe, Schweine, Schafe, Kaninchen und Maultiere standen aufgereiht in ihren Koben neben dem Lastwagenpark, und die Luft war erfüllt von dem muffigen Geruch ihrer warmen Körper und des dampfenden Dungs, den Kinder aus der Nachbarschaft für ihre Mütter stahlen, damit sie ihn auf ihre Rosen streuen konnten. Das Geräusch des Mampfens und Schnaubens wetteiferte mit dem Lärm der feilschenden Händler, dröhnenden Hupen und tuckernden Dieselmotoren.

In einem Pavillon dahinter wurden gelegentlich exotischere Geschöpfe feilgeboten, und ich bin sicher, dass selbst damals schon viele illegale darunter gewesen waren. Es gab Gibbons und manchmal sogar Gorillas, die von Matrosen in die Docks gebracht wurden, riesige Pythons, giftige Taranteln, Leguane, Wildkatzen, die ihre glänzenden Fangzähne fletschten, sowie Braunbären und Gürteltiere.

Ich bahnte mir einen Weg durch das Gedränge von Straßenhändlern und Taschendieben zur Vogelgasse. Nach den Geräuschen zu urteilen – ein Kreischen, Gurren, Schreien, Pfeifen, Singen und Zwitschern – hätte man glauben können, in einem tropischen Regenwald zu sein, nicht in einer Seitengasse in Rom. Unter meinen Füßen war der Boden klebrig von dem Matsch zerquetschter Guaven und Regenwürmer, Pflaumen und Pfirsiche, Pinienkerne, Walnüsse und den Überresten der an die Geier verfütterten Mäuse.

Zwischen den Gehegen mit Pinguinen und Pfauen fand ich einen kunstvoll verzierten goldenen Käfig mit einem winzigen jungen Papagei mit leuchtenden türkisblauen Federn. Er hatte den Kopf in sein Gefieder gesteckt, als würde er sich vor der Welt verkriechen, und ich wusste, dass ich den Papagei gefunden hatte, der für mich bestimmt war.

»Er spricht nicht«, sagte ein alter Mann, der nicht weit davon neben einer Registrierkasse kauerte.

»Das macht nichts«, sagte ich. »Ich nehme ihn trotzdem.« Ich bezahlte dem Mann, was er verlangte – es erschien mir angemessen, und ich erhielt dafür den Käfig mit dem Vogel und noch ein Päckchen Samen. Ich nannte den kleinen Papagei Pierino und trug ihn stolz in meine Wohnung. Kaum war er freigelassen, begann er herumzufliegen, wobei er weiße Kleckse auf meinen bescheidenen Möbelstücken hinterließ und, wie ich gern glaube, vor Glück kreischte.
Eine Woche später kehrte Fiamma von ihrer Hochzeitsreise nach Sabaudia zurück. Während ihrer Abwesenheit hatte Tante Ninfa zuversichtlich unser altes Zimmer für sie hergerichtet und sich zaghaft bei ihrem Priester nach dem Verfahren einer Annullierung erkundigt. Sie und mein Onkel waren überzeugt, dass Fiamma ihren Fehler inzwischen bereute. Doch zu unser aller Erstaunen kehrte Fiamma strahlend vor Glück zurück, und mit einem Schimmer in den Augen, der mir damals ein Rätsel war.
Die Jungvermählten erschienen zu dem traditionellen ersten Besuch in der Via Gregorio, in dessen Verlauf sie außerstande waren, sich zu beherrschen und anständig zu benehmen; tatsächlich schafften sie es nicht, die Hände voneinander zu lassen. Damit hatte Tante Ninfa nicht gerechnet. Sie war sich einer Trennung so sicher gewesen, dass sie gar nicht erst etwas zum Tee besorgt hatte, wie es der Brauch verlangte, und es entstand ein verlegenes Intermezzo, während sie herumstammelte, sie müsse sich was von den Nachbarn borgen.
»Es wird nicht lange halten«, kreischte sie, als die Turteltauben es nicht länger ertragen konnten und zurück in ihr Liebesnest in der Via della Lupa flohen. Doch in diesem Punkt sollte meine Tante sich gewaltig irren und entsetzlich enttäuscht werden.

Neun

Mein neunzehnter Geburtstag nahte, den ich natürlich nicht feierte – abgesehen von meinem üblichen Besuch bei Mammas Grab. Ich berichtete Mamma die wenigen Neuigkeiten, die es seit der vergangenen Woche gab und die hauptsächlich Pierino (ich war stolz wie eine junge Mutter) und eine interessante Herausforderung in der Arbeit (ein schwerer Fall von Lupus – nicht leicht zu überdecken) betrafen.

Ich arrangierte die Vergissmeinnicht in einem Wassergefäß und hatte eben den Grabstein abgewischt, als der Friedhofswärter (der fröhliche pummelige, nicht der hoch aufgeschossene schielende), der schon eine Weile gelauert hatte, auf mich zutrat und mich fragte, ob ich gern sein Muttermal sehen würde.

Nun, ich hatte in meinem Leben schon so manches Muttermal gesehen, aber ich wollte nicht undankbar erscheinen, und so folgte ich ihm über den Friedhof zu der kleinen Hütte, in der er seine Spitzhacken und Schaufeln, ein paar gefallene Engel und ein großes Glas Lakritze aufbewahrte. Wie sich herausstellte, hatte er gar kein Muttermal – jedenfalls keines, das ich sah.

Trotzdem, nachdem er mir gezeigt hatte, was ich sehen sollte, dankte ich ihm, und wir trennten uns in aller Freundschaft: er, um die Abendglocke zu läuten, und ich, um ein Eis zu essen – zwei Kugeln Pistazie und eine Kugel Zitrone.

Bald nach diesem Vorfall – auch wenn ich nicht glaube, dass da ein Zusammenhang bestand – entwickelte ich einen Ausschlag grüner Pusteln und verspürte tief in mir ein Jucken, das ich nicht kratzen konnte.

Ich zeigte die Pickel Signora Dorotea, besorgt, ich könnte mich an einer der Leichen angesteckt haben. Der Sommer war bereits ungewöhnlich heiß, und viele von ihnen hatten Furunkel und eine reiche Vielfalt an wuchernden Pilzen.

»Dem ist leicht abzuhelfen«, sagte sie. »Du brauchst einen Mann, Freda Castro. Das ist nur natürlich und nichts, weswegen du dich schämen musst.«

Vielleicht hatte sie Recht, aber in meinem Beruf kam ich nicht oft mit Angehörigen des anderen Geschlechts in Kontakt, zumindest nicht mit lebenden. Aber wie seltsam: Am selben Tag kam plötzlich Cuniberto Moretti (einer der Hilfssargträger, der zu anderen Zeiten Vanilleschoten verkaufte) im Personalraum, wo ich etwas Balsam auf meine Pusteln rieb, zu mir herübergeschlichen und fragte mich, ob ich mit ihm ausgehen wollte. Rückblickend betrachtet bin ich mir sicher, dass Signora Dorotea dahintersteckte.

Ich wollte mit Sicherheit nicht mit ihm ausgehen. Ich fühlte mich in keiner Weise zu ihm hingezogen. Manche Mädchen, davon bin ich überzeugt, hätten an seinen bräunlich verfärbten Zähnen und seinem Haar, das in Klumpen aus seinem Nacken hervorwucherte, Gefallen gefunden, aber ich gehörte nicht zu ihnen. Trotzdem, ich wollte es ihm nicht einfach abschlagen, und so willigte ich widerstrebend ein.

An jenem Abend lungerte Cuniberto im Hof herum, als ich Signor Giordano in sein Schubfach im Kühlraum zurückbrachte und absperrte. Er hatte einen Strauß schlaff aussehender Gänseblümchen erworben, den er mir errötend hinstreckte.

Gemeinsam gingen wir das kurze Stück zu Fargo's, wo wir uns die ausgestorbenen Räumlichkeiten mit einem mürrischen Kellner teilten, der seinen Kampf mit persönlicher Hygiene und einer energischen Schmeißfliege, die es schaffte, überall zugleich zu sein, längst aufgegeben hatte. Ich war der Fliege dankbar. Wenigstens rettete sie uns vor der Stille, die uns sonst umgeben hätte.

Die bestellte Limonade wurde mit einer Wucht auf den Resopaltresen geknallt, die sicherstellte, dass ein Großteil davon verschüttet wurde. Was übrig war, schlürften wir zwischen gestelzten Versuchen eines Gesprächs. Wirklich, es gab nichts zu sagen. Nach einer Viertelstunde, die mir wie eine Ewigkeit vorgekommen war, erhob ich mich zum Gehen. Cuniberto schien überrascht.

»Willst du die denn nicht?«, fragte er, wobei er auf die Gänseblümchen auf dem Tresen wies; sie waren welk geworden und verströmten einen beißenden Geruch von Fäulnis. Ich schüttelte den Kopf.

Draußen überraschte er mich, indem er sich in rascher Folge mit seinen Lippen, seinen Zähnen und seiner Zunge auf mich stürzte. Ich verstand nicht, wieso. Vielleicht glaubte er, dass es von ihm erwartet wurde. Ich dankte ihm und schlug allein den Weg zu meiner Wohnung ein.

An diesem Abend, als ich meine Finger zwischen jene Fleischfalten führte, unter denen die juckendste aller juckenden Stellen zu liegen schien, dachte ich, wenn alle Rendezvous so aussahen, dann konnte ich gut auf sie verzichten.

Zehn

Doch trotz dieses unglücklichen Anfangs hatte ich zwischen damals und dem Sommer 1971 eine stattliche Anzahl an Flirts. Nicht in demselben Ausmaß wie Fiamma natürlich, die so schamlos war wie ich schüchtern, aber ich versuchte, etwas über die Liebe zu lernen, und da ich niemanden hatte, der mich unterwies, kam ich mir vor wie diejenige, die bei einem Blindekuhspiel die Augenbinde trägt.

Signora Dorotea setzte ihr Vertrauen in die Spezies der Verkaufsvertreter. Sie vereinbarte ständig Termine, zu denen ich mich mit dem einen oder anderen treffen musste, selbst wenn wir nicht die Absicht hatten zu kaufen, was sie verkauften. Sie handelten hauptsächlich mit Gummihandschuhen, Einbalsamierungsflüssigkeiten, Entkalkern, Puder, Wachs, Prothesen, Kosmetikartikeln, Perücken oder falschen Zähnen. Fast immer waren sie natürlich ältlich und leberfleckig, aber hin und wieder tauchte ein etwas jüngerer auf, der unter der Last seines Musterkoffers ächzte. Dann nickte und zwinkerte Signora Dorotea gern und ließ überdeutliche Anspielungen fallen, die im Allgemeinen dafür sorgten, dass er augenblicklich das Weite suchte.

Eine andere Variante bestand darin, mich auf jedes Seminar, jeden Fortbildungskurs und jede Handelsmesse zu schicken, die sie finden konnte. Ich drehte regelmäßig meine Runden, aber trotz Signora Doroteas Unterweisung in Smalltalk fiel es mir immer noch schwer, meine Schüchternheit zu überwinden. Mir fiel einfach nichts ein, was ich zu den Bestattungsunternehmern, professionellen Trauernden, spezialisierten Einbalsamierern, Sargherstellern und Steinmetzen sagen konnte, denen ich bei diesen Veranstaltungen begegnete.

Ernesto Porcino war der vielversprechendste des ganzen Haufens, und obwohl er in Signora Doroteas Augen nicht gut genug für mich war, wollte sie nicht mit Verachtung strafen, was sie als ihre einzige, wenn auch bescheidene, Chance auf eine Heirat ansah. Wir lernten uns auf einer Ausstellung falscher Augäpfel kennen, wo er eine neue Linie vorstellte, die er persönlich entwickelt hatte: Augen, die tatsächlich selbst Tränen erzeugen konnten. Sie waren eine Sensation und verursachten großes Aufsehen. Ich bestellte nicht nur so viele, dass sie uns für das nächste Jahrzehnt reichen würden, sondern willigte sogar ein, als er mich fragte, ob ich ihn zu der Abschlussparty der Ausstellung begleiten würde. Ich war noch nie auf einer Party gewesen. Ich war verblüfft von der Wortfülle des Signore. Er redete genug für uns beide, beantwortete sogar in meinem Namen die Fragen, die er mir selbst gestellt hatte. Zum ersten Mal fühlte ich mich im Umgang mit dem anderen Geschlecht nicht gehandikapt von meiner Unzulänglichkeit in Sachen Smalltalk.

Ernesto (wie ich ihn von jetzt an nennen will) war reifer als all die anderen jungen Männer, denen ich bis dahin begegnet war. Tatsächlich war er fünfundvierzig (gegenüber meinen zweiundzwanzig!) und hatte die damit verbundenen Begleiterscheinungen wie Kahlheit, entzündete Fußballen, Schweißausbrüche, Krämpfe und Fettsucht, aber ich suchte schließlich keine Filmstar-Schönheit; ich suchte einen Bauchredner.

Trotz der Tatsache, dass er außerstande war, seine Stimme von irgendwo anders kommen zu lassen (er versuchte es, scheiterte jedoch kläglich), gingen wir auf Ernestos Drängen hin schon bald zu der Kleiderausziehphase über. Obwohl es nicht weiter ging als bis zu diesem Punkt, war ich fasziniert von seinem Ding, das hinter der überhängenden Masse seines Bauchs eben noch sichtbar war. Und bei den Gelegenheiten, zu denen er mir gestattete, es in meine hohle Hand zu betten, war ich entzückt davon, wie es sich von einem blassen und unaufdringlichen Rosa zu einem pochenden Schaft in einem krassen Violett verfärbte. Diese heimlichen Begegnungen fanden einmal unter den Schirmpinien in der Valle d'Inferno statt und einmal in der Totenkapelle des Bestattungsinstituts, als Signora Dorotea und Signor Porzio ihrer verheirateten Schwester Loretta in Punta Ala einen Besuch abstatteten.

In meinem Entzücken über Ernestos Pimmel und erfüllt von der Ahnung, dass ich am Anbeginn eines geheimen und rätselhaften Erwachens stand, verlangte es mich nach mehr, als ihn lediglich in meiner Hand zu halten. Ernesto war, wie ich erkennen konnte, gerührt von meiner jugendlichen Leidenschaft und zermarterte sich das Gehirn, um sich eine Lösung einfallen zu lassen, aber seine Unterkunft, erklärte er mir, befand sich im Haus ältlicher Jungfrauen in einem bedenklichen Gesundheitszustand, und die Anwesenheit einer verführerischen Femme fatale in seiner Wohnung würde ausreichen, um mindestens eine, wenn nicht zwei oder gar alle drei einem tragischen Verfall entgegenzutreiben.

Ich war hingerissen, als ich hörte, wie ich als verführerische Femme fatale bezeichnet wurde, und so schlug ich alle Warnungen in den Wind und lud ihn zu einem Stelldichein in meine eigenen Räumlichkeiten in der Via dei Cappellari ein. Außer mir vor Erwartung und Entzücken öffnete ich die Tür, um ihn hineinzulassen, in dem Bewusstsein, dass Signor Tontini hinter mir herspionierte.
Ernesto stürzte augenblicklich ins Badezimmer – er war den ganzen Tag mit seinen Mustern unterwegs gewesen, sagte er, und hatte ein dringendes Bedürfnis. Wenig später tauchte er wieder auf, mit nichts bekleidet als einer langen blonden Perücke und seinem stolz gereckten Zauberstab.
Das war der Augenblick, auf den Pierino gewartet hatte. Er huschte mit einer Bewegung durchs Zimmer, so schnell, dass sie gar nicht zu sehen war, und schlug mit seinem scharfen Schnabel gegen die verführerischen Teile meines Möchtegern-Liebhabers.
Ernestos Schreie zerrissen die Luft, und sein Fleisch wurde in Fetzen gerissen, bevor es mir gelang, Pierino mit der Aussicht auf eine reife und saftige Feige zurück in seinen Käfig zu locken.
Ich bedauerte, dass die Affäre auf diese Weise geendet hatte, noch bevor ich die volle Faszination des violetten Zauberstabs, der nun schlaff und wund und blutig herunterhing, erleben konnte; aber ich wusste, wenn Pierino Ernesto hasste, was er offensichtlich tat, dann konnte ich nicht zulassen, dass sich die Dinge noch weiter entwickelten.
Abgesehen von seinem Schmerz, der höllisch gewesen sein musste, war mein Fabrikant falscher Augäpfel aschfahl geworden. Zu meiner Verblüffung, aber, wie ich zugeben muss, ebenso zu meiner Befriedigung, stellte sich heraus,

dass die drei jungfräulichen Vermieterinnen in den Achtzigern ein reines Produkt seiner Phantasie waren. Was ihn davon abhielt, mich in sein Haus zu lassen, war vielmehr Signora Porcino – und die fünf Porcini. Die Signora neigte zu Anfällen von Eifersucht, und das hier war seine allerletzte Chance gewesen. Wie er ihr seine Verletzungen erklären würde, das wusste er beim besten Willen nicht.
Er zog sich rasch an, und ich schob ihn sanft auf den Treppenabsatz hinaus und schloss hinter ihm die Tür. Sein Talent, Geschichten zu erzählen, würde ihm sicherlich helfen, ungeschoren davon zu kommen.
Danach war eine Weile Schluss mit amourösen Abenteuern, und ich war bereits dabei, zu der vorzeitigen, aber nichtsdestotrotz zutreffenden Schlussfolgerung zu kommen, dass Sex mehr Ärger bedeutete, als er wert war, als ich bei einem Preisausschreiben gewann. Und dieser Gewinn sollte den Lauf meines Lebens gewaltig verändern.

Elf

Ich verfolgte Ernestos Fortschritte mit seinen weinenden Augen in einer Fachzeitschrift, die wir in der Arbeit bezogen, der *Monatsschrift der Leichenbestatter*, und ich empfand einen nicht unbeträchtlichen Stolz, als ich die Fotos sah, auf denen er sie an solch entlegenen Orten wie Tel Aviv und Bombay vorstellte.

Signora Dorotea, der ich alles beichtete, war empört über seine Niedertracht, und jedes Mal, wenn sie sein Foto sah, murmelte sie finster vor sich hin, was sie mit ihm anstellen würde, wenn ihr je die Gelegenheit geboten würde. Doch meine eigene Erinnerung an das, was sich unter dem schlecht sitzenden Vertreteranzug verbarg, erfüllte mich mit Wehmut.

Dann, in der Ausgabe vom März 1972 mit der inhaltsschweren Schlagzeile: »Furchtbares Versehen: Mann lebendig begraben«, gab es ein Preisausschreiben für Leser, bei dem man eine Luxuskreuzfahrt nach Ägypten gewinnen konnte, um den Geheimnissen der Pharaonen, Pyramiden und der Sphinx auf den Grund zu gehen. Signora Dorotea war völlig aus dem Häuschen und bestand auf meiner Teilnahme.

»Ich weiß, dass du es gewinnen wirst«, sagte sie, »und den Mann deiner Träume.«

Ich kann mich nicht einmal mehr erinnern, wie die Fragen lauteten, aber sie waren nicht allzu schwer, und meine Antworten lauteten »ein Liter«, »Wachs«, »Leichenstarre« und »Verwesung«. Der letzte Teil bereitete mir etwas mehr Probleme. Ich musste in einem Satz aus nicht mehr als zwölf Wörtern erklären, warum ich es verdient hatte, die Kreuzfahrt zu gewinnen. Ich zerbrach mir den Kopf darüber. Es war das Wort »verdient«, das ich besonders kniffig fand. Ich hatte nicht das Gefühl, irgendetwas verdient zu haben. Ich zeigte meine diversen Versuche Signora Dorotea, die nur verächtlich schnaubte.

»Du wirst nie gewinnen, wenn du es so ausdrückst«, sagte sie.

Dann aber, als sie schließlich die Geduld verlor, wies sie mich an:

»Freda, schreib Folgendes«, und diktierte: »Ich liebe die *Monatsschrift der Leichenbestatter* und teile sie mit allen Freunden.«

»Aber das stimmt nicht«, beklagte ich mich. »Ich würde diese Zeitschrift nie irgendjemandem zeigen.« Dennoch, der Lauf der Geschichte sollte meine Worte noch Lügen strafen.

»Sag niemals nie, Freda«, sagte sie, entriss mir den Coupon und schickte ihn ab.

Dann warteten wir.

Am Tag des Einsendeschlusses, während ich Signor Settebellos Schnurrbart stutzte, der seit seinem Tod buschig gewachsen war, erhielt ich einen Telefonanruf.

»Was habe ich dir gesagt?«, kreischte Signora Dorotea und riss mich in einer stürmischen Umarmung in die Luft hoch. »Ich wusste doch, dass du gewinnen würdest!«

Von da an ging alles sehr schnell. Augenblicke später traf eine Lastwagenladung mit Werbeartikeln ein, zusammen mit dem Ausrichter des Preisausschreibens, einem Fotografen, einem Stylisten und zwei Assistenten. Man verlangte von mir, im Kühlraum zu posieren, umgeben von riesigen Flaschen einer Lösung, die stolz das Etikett des Sponsors, Dricol, präsentierten.

Ich erschien auf dem Titelblatt der Mai-Ausgabe. Es war kein schlechtes Foto, auch wenn ich wünschte, ich hätte mich nicht bereit erklärt, so viel von meinen Beinen zu zeigen. In der Zeitschrift war eine maßlos übertriebene Biografie der glücklichen Gewinnerin, zusammen mit einem ebenso übertriebenen Lob des Produkts. Das weiß ich, da wir es einmal ausprobiert haben. Es verlieh dem Fleisch der Leichen eine unansehnlich grünliche Farbe, als seien sie seekrank, und der Dunst, den es verströmte, war giftig.

Dennoch war ich stolz. Mir gefiel der Gedanke, dass Ernesto, wo immer er jetzt war, sei es Bangkok oder Buenos Aires, mein Bild in großer Aufmachung auf dem Titelblatt sehen und ein unerträgliches Bedauern darüber empfinden würde, dass er mich für immer verloren hatte.

Signora Dorotea war im siebten Himmel und redete sich ein, sie hätte hellseherische Gaben. Sie schickte Signor Porzio augenblicklich los, um das Titelblatt der Zeitschrift rahmen zu lassen, und stellte es dann stolz im Empfangsbereich zur Schau, wo es von allen Trauernden bewundert wurde.

Ich kaufte ein paar zusätzliche Exemplare und schenkte eines davon Onkel Birillo und Tante Ninfa. Ich hatte meinen Namen darüber geschrieben wie ein Autogramm. Sie waren so stolz. Damals hatten sie noch kein eigenes Telefon, sodass Tante Ninfa mit ihrem Adressbuch und einem Stapel Münzen zur Post ging und den Rest des Tages am öffentlichen Fernsprecher damit verbrachte, es jedem mitzuteilen, den sie kannte. Bald wand sich eine Schlange von Leuten, die das Telefon benutzen wollten, um den Block, wütend über Tante Ninfas Weigerung, den Hörer freizugeben und die Zelle zu räumen. Onkel Birillo war ebenfalls hoch zufrieden und beglückwünschte sich dazu, mich überhaupt erst in die Branche eingeführt zu haben.

Ein weiteres Exemplar gab ich Fiamma.

»Bist du das?«, fragte sie überflüssigerweise und lachte dann.

Das letzte Exemplar gab ich Pierino. Er zerrte es auf den Boden seines Käfigs und schiss darauf.

Zwölf

Am Donnerstag, dem 15. Juni 1972, sollte ich mich in Civitavecchia, Banchina 5, einfinden, wo ich, nach Auskunft der Broschüre, die man mir zugesandt hatte, an Bord der *Santa Domenica* gehen und mich dabei in eine verloren gegangene Welt des Luxus und der Kultiviertheit zurückbegeben würde. Aber davor hatte ich noch viel zu erledigen. Fiamma, die inzwischen schwanger war, kam vorbei und warf einen kritischen Blick auf den Inhalt meines Kleiderschranks.

»Von diesem Zeug kannst du nichts tragen«, sagte sie verächtlich, »es sei denn, du hast vor, an Seebestattungen teilzunehmen.«

Es stimmte, dass ich die meisten meiner Kleidungsstücke mit Beerdigungen im Kopf gekauft hatte. In meiner Branche konnte ich mir die Miniröcke in psychedelischen Farben und die Plateauschuhe kaum erlauben, mit denen Fiamma bei den Granden im Ministerium für Empörung, aber auch Erregung sorgte.

Zusammen schlenderten wir durch die Straßen um die Piazza di Spagna, die von Einkäufern, ausländischen Touristen, Eisverkäufern, Gigolos, Künstlern und Priestern nur so wimmelten und wo die angesagtesten Boutiquen der ganzen Stadt zu finden waren. Fiamma fegte meine Proteste beiseite und füllte rasch einen Koffer mit den dünnsten, knappsten, engsten und freizügigsten Kleidungsstücken, die sie finden konnte.

»Um Himmels willen, Freda«, fuhr sie mich an. »Du sollst endlich mal dreiundzwanzig sein, nicht siebenundvierzig. Du bist dein Leben lang in den mittleren Jahren gewesen.«

Das war damals ein Schock für mich, aber rückblickend betrachtet denke ich, dass sie vermutlich Recht hatte.

Mit meinen Kreuzfahrt-Klamotten hatte ich somit ein Problem weniger; zumindest hätte ich eines weniger, wenn ich den Mut aufbringen könnte, das Minikleid in Neonpink mit Schlüpfer und Schirmmütze in gleicher Farbe, den einteiligen Hosenanzug aus Goldlamé oder die Hose mit dem riesigen Schlag und das mit Fransen besetzte BH-Top aus lindgrünem Nylon zu tragen.

Signora Dorotea sollte sich um Pierino kümmern, sie war die Einzige, der ich ihn anvertrauen zu können glaubte. Aber es gab noch eine Sache, die ich vor meiner Abreise zu erledigen hatte.

Schon seit einer Weile sorgte ich mich um Mammas Zähne. Am Ende eines jeden Tages, in jener Phase zwischen Wachsein und Schlafen, dachte ich an Mammas Zähne. Vor meinem geistigen Auge konnte ich ihr Lächeln sehen, und ich wollte es ihr wiedergeben. Jetzt war die Zeit dafür.

Und so fuhr ich am Sonntag, dem 11. Juni 1972, mit dem Bus zu der Stelle, an der sieben Jahre zuvor Mammas Leben ausgelöscht und mein eigenes zertrümmert worden war. Ich war seitdem nicht wieder da gewesen. Die Straße erschien mir weder so lang wie damals noch so steil. Ich begann, von oben hinunterzulaufen, während ich mir all die Einzelheiten jenes Tages in Erinnerung rief, der nur scheinbar in Vergessenheit geraten war.

Die Mohnblumen, die längs des gestrüppreichen Grünstreifens wuchsen, die weißen Schmetterlinge, der aufwirbelnde Staub, die heiße Sonne auf meiner Haut, der Wind in meinem Gesicht und meinem Haar, der mit Mammas Hut spielte, ihr Lachen. Eine unsichtbare Hand stimmte »Io So Perchè« an, und Mammas Singstimme fiel mit ein. Der Wind begann schneller zu pfeifen. Es wurde lauter in meinen Ohren. Fiammas riesige Kaugummiblase platzte. Die Luft wurde straff und angespannt, als der Koloss des Wagens außer Kontrolle vorwärts schoss und auf den alten Mann zuraste, der darauf wartete, von ihm zermalmt zu werden.

Ich rannte. Meine Beine konnten nicht mit mir mithalten. Ich dachte, ich würde sie hinter mir lassen, als ich vorwärts stürmte, immer schneller, den Hügel hinunter, mit rudernden Armen. Ich strauchelte. Ich rannte weiter, immer weiter, fast ohne mir bewusst zu sein, dass das Schreien, das ich hörte, aus mir selbst kam. Schließlich erreichte ich das untere Ende, und ich befahl meinen Beinen, stehen zu bleiben, aber die Schwungkraft trug mich noch ein Dutzend Schritte weiter. Ich beugte mich aus der Hüfte vornüber, ließ meinen Oberkörper nach unten sacken und das Blut in meinen Kopf strömen. Ich keuchte so schwer, dass mir fast übel wurde, und ich glaubte schon, ich würde meine Lunge und vielleicht sogar mein Herz erbrechen müssen. So verharrte ich eine Weile, und dann richtete ich mich auf und ging langsam umher.

Ich fand die Stelle, an der der Wagen zum Stehen gekommen war und der alte Mann gelegen hatte und gestorben war, aber da war nichts, was den Ort markierte. Nur eine gähnende, schreiende Leere, und irgendwie erschien dadurch alles nur noch sinnloser. Warum war es passiert? Warum?

Das nahe gelegene Haus erschien mir jetzt noch baufälliger als damals, auch wenn ich es zu der Zeit gar nicht beachtet hatte. Einige Fenster waren mit Brettern vernagelt, andere zerbrochen; einer der Fensterläden hing an verbogenen Angeln herunter. Ich zwängte mich durch die Gartenpforte, die sich kaum bewegen ließ. Der Garten, damals so schön, war Efeu und wildem Gestrüpp gewichen. Dornen ritzten mich, als ich durch das Dickicht stakste, um zu der Palme zu gelangen. Verdutzte Eidechsen zerstreuten sich in alle Richtungen wie kleine, bewegliche Lichtblitze. Gegen den Baumstamm gelehnt lag ein Kranz aus schäbigen Plastik-Stiefmütterchen – Tante Ninfas Werk, zweifellos.
Auf halber Höhe fand ich, was ich suchte. Mammas Zähne. Eingebettet. Sechs Stück. Der Form einer Mondsichel folgend. Ich zückte die Kneifzange, die ich in meiner Hosentasche mitgebracht hatte, und entfernte einen Zahn nach dem anderen. Als ich alle beisammen hatte, wickelte ich sie vorsichtig in ein Taschentuch und kehrte zurück in die Stadt.
Etwas später an diesem Tag setzte ich sie in Mammas Grab bei, und im Jahr darauf schossen an dieser Stelle weiße Rüben aus der Erde. Warum, das weiß ich nicht, aber ich war froh darüber.

Dreizehn

Am Donnerstagmorgen bildeten Pierino, Signora Dorotea, Signor Porzio, Onkel Birillo, Tante Ninfa, Polibio Naso – Fiammas Ehemann (sie selbst war in einer Besprechung mit dem Präsidenten) – und eine alte Frau mit einer motorisch gesteuerten Hand, die ich noch nie gesehen hatte, das Abschiedsdefilee. Der Fotograf von der *Monatsschrift der Leichenbestatter* war wieder da und knipste durch ein riesiges Teleobjektiv drauflos, und ich kam mir vor wie ein Filmstar. Es gab Luftballons und bunte Wimpel, und die Schiffskapelle hatte sich an Deck versammelt und spielte schwungvolle Seemannslieder, um mich an Bord willkommen zu heißen. Erst als ich in meinen neuen weißen Plateauschuhen über die Gangway schritt, wurde mir bewusst, dass ich noch nie zuvor in meinem Leben irgendwo gewesen war, und schon jetzt hatte ich schreckliches Heimweh. Wie gern wollte ich kehrtmachen, aber es war schon zu spät. Ein gut aussehender Mann in einer schicken Uniform gab ein Pfeifsignal, und Matrosentrupps begannen Taue zu hieven, der riesige Schornstein stieß schmutzige schwarze Rauchwolken aus, und ein dröhnendes Horn, das sich offenbar tief im Bauch des Schiffs befand, ließ eine Serie schmetternder Signaltöne hören, bei denen ich erbebte.

Im nächsten Augenblick wurden die Leinen losgemacht, das Wasser schäumte und sprudelte zwischen der Schiffswand und dem Kai, und wir waren unterwegs. Die anderen Kreuzfahrtteilnehmer jubelten und jauchzten, und ein paar halbherzige Feuerwerkskörper wurden von einem alten Seebären abgeschossen, dessen Brandnarben an Gesicht und Händen verrieten, dass er sich schon früher an derartigen Dingen versucht hatte, wohl nicht immer mit Erfolg.

Ich sah hinunter auf das Gewirr von Gestalten, die mir zuwinkten, und ich erkannte die Frau mit der mechanischen Hand, die eindringlich winkte, ohne je zu ermüden, und ich stellte mir vor, über dem Dröhnen der Motoren die kreischende Stimme Pierinos hören zu können, der mir eine gute Reise wünschte.

Ich sah zu, wie meine Lieben im Dunst entschwanden, und eine tiefe Wehmut ergriff von mir Besitz. Ich betete, dass mir nichts Schlimmes widerfahren möge, solange ich in der großen weiten Welt unterwegs war. Wie üblich in meinem Leben, war es mein Schicksal, enttäuscht zu werden.

Vierzehn

Die erste halbe Stunde verbrachte ich damit, das Schiff zu erkunden. Entgegen den übersteigerten Behauptungen der Ausrichter des Preisausschreibens sollte meine Unterkunft eine geteilte Innenkabine ohne Waschraum in der dritten Klasse des Schiffs sein. So viel zur Welt des Luxus und der Kultiviertheit. Ein Steward geleitete mich zu meiner neuen Heimstatt, wo ich feststellte, dass die untere Koje bereits von einem schwabbeligen Mädchen unbestimmten Alters namens Clodia besetzt war, die, wie ich zu meiner Verblüffung sah, eine mechanische Hand hatte. Ich hatte noch nie zuvor in meinem Leben eine gesehen, und nun innerhalb von zehn Minuten gleich zwei.

Später stellte sich heraus, dass es Clodias Mutter gewesen war, die sich zu meinen Leuten am Hafen gesellt hatte. Aufgrund ihrer Kurzsichtigkeit war es ihr unmöglich, in der Ferne mehr als nur verschwommene Kleckse wahrzunehmen, aber ihre Eitelkeit verbot es ihr, sich eine Brille anzuschaffen. Daher hatte sie mich, was nicht unbedingt schmeichelhaft war, fälschlicherweise für ihre Tochter gehalten und mir zugewinkt, bis ihr Mechanismus klemmte.

Clodia verlor keine Zeit, mir voller Stolz die vielen Eigenschaften ihrer Hand (es war mit Sicherheit ein Modell der gehobeneren Güteklasse) zu demonstrieren, aber ich war ein wenig besorgt, als sie die Tagesdecke beiseite schob und unter ihrer Koje einen riesigen Tank mit Reservebenzin zum Vorschein brachte. Der eine Nachteil der Hand war ihr hoher Spritverbrauch. Meine einzige Hoffnung war, dass sie nicht rauchte. Aber nur allzu bald zündete sie sich ultrastarke King-Size-Zigaretten an, die die kleine Kabine mit einem erstickenden Qualm füllten. Und wir hatten nicht einmal ein Bullauge.

Während Clodia paffte, packte ich aus. Einen Wandschrank gab es nicht, nur ein paar Kleiderbügel an der Rückseite der Tür. In der Beengtheit des Raums musste ich mich in den Koffer stellen, um ihn auszupacken. Ich war entsetzt von dem, was ich darin fand. Ich hatte kaum Acht gegeben, als ich mit Fiamma einkaufen gegangen war, aber selbst wenn ich bei manchen Teilen protestiert hätte, sie hätte sie trotzdem gekauft. Es war ihr schon immer leicht gefallen, mir gegenüber die Oberhand zu behalten.

Ich wusste, ich würde nicht einmal die Hälfte dieser Sachen tragen können. Sie waren einfach nicht ich. Ich konnte mich in einem solchen Aufzug nicht in der Öffentlichkeit blicken lassen: Alles war klein, knapp und knallbunt. Die Mitreisenden und – was noch beunruhigender war – die Mannschaft würden mit Sicherheit denken, dass ich mich anbot. Während ich die dünnen Fetzen im Licht einer nackten Glühbirne musterte, die mit der Bewegung des Schiffs schlingerte, wurde mir bewusst, wie sich Clodias Augen weiteten.

»Du liebe Güte«, sagte sie hingebungsvoll, »was für schöne Sachen du hast. Mutter lässt mich nie etwas Hübsches tragen. Alles, was ich habe, ist dieses …«

Sie zog den Reißverschluss ihrer Reisetasche auf und holte eine Reihe braver Crimplene-Hauskleider in tristen Farben hervor. Alles andere als umwerfend, aber sie würden ihren Zweck erfüllen müssen.

»Na schön«, sagte ich, als würde ich ihr einen riesigen Gefallen erweisen. »Ich tausche mit dir.«

Clodias Augen weiteten sich noch mehr.

»Im Ernst?«, rief sie aus.

»Im Ernst«, bestätigte ich.

Rasch schlüpften wir in die Kleidungsstücke der jeweils anderen. Clodia hatte etwa die doppelte Größe wie ich, aber ich schnallte den Gürtel des Kleids fest, und ich glaube, es sah nicht allzu schlecht aus. Wenigstens war es anständig, was sich von den Hotpants, in die Clodia sich gezwängt hatte, beim besten Willen nicht behaupten ließ. Sie dehnten sich bis zu einem gewissen Grad, aber nicht genug (es war schließlich noch die Zeit vor Lycra), und der Stoff, bis an seine Grenzen strapaziert, ließ viel zu viel unzüchtig durchschimmern. Unten, oben und im Grunde überall quollen weiße Fleischwülste wie Hydraköpfe hervor und wanden sich im Wettstreit mit ihren Nachbarn um die Vorherrschaft.

»Fantastisch«, sagte sie.

Danach zog ich los, um einen Blick auf die Waschräume, soweit vorhanden, zu werfen, während Clodia hinter mir herwatschelte. Die Toilette auf unserem Deck war zur Benutzung für alle achtzehn Innenkabinen gedacht, und eine lange und verzweifelte Schlange wand sich durch den überfüllten Gang, und das war sogar noch, bevor die Ruhrepidemie ausbrach.

Der Speisesaal der dritten Klasse war offenkundig nicht der in der Broschüre dargestellte. Er war in einem Ekel erregenden Grün gestrichen und hatte Neonröhren anstatt Kronleuchter. Die Sessel aus vergoldetem Holz mit rosa

Polsterbezügen standen nur den Gesäßen der ersten Klasse zur Verfügung; hier gab es Holzbänke wie in der Schule. Die Luft war schal von unangenehmen Gerüchen: Bratfett, Abfall, Grünzeug. Dahinter, in der Schiffskombüse, bereitete ein unappetitlich aussehender Koch das Abendessen zu. Er ließ seinen Blick für einen Moment auf Clodia in ihren weißen Hotpants ruhen und fuhr dann fort, planlos an der Scheibe Kutteln unter seinem Messer herumzuschnippeln.

Die Standards stiegen, als wir zu den höheren Decks hinaufkamen. Die Gänge in der zweiten Klasse waren frisch gestrichen und hell erleuchtet. Der Speisesaal hatte Fenster mit Blick auf das glitzernde Meer, und es gab Kellnerservice anstelle eines Fließbands. Doch am augenfälligsten waren die Unterschiede auf dem Oberdeck. Es gab tiefrote Teppiche und Samtvorhänge, Spiegel, Kronleuchter und allerlei auf Hochglanz poliertes Messing. Wir drückten uns die Nasen an dem Glas des Kapitänsrestaurants platt und liebäugelten mit den Kristallkelchen, der Damasttischwäsche und dem Schmuck aus frischen Blumen und Früchten.

»Aus dem Weg da«, sagte eine Stimme, und wir zuckten schuldbewusst zusammen, als ein Mann in Uniform und weißen Handschuhen mit einem Tuch den Schmierfleck wegpolierte, den unsere Nasen hinterlassen hatten.

Wir stahlen uns davon, um den Schönheitssalon, die Friseure und die Läden zu bewundern. Es gab eine Boutique, die Bikinis und Sonnenhüte verkaufte, einen Zeitungskiosk und einen Souvenirstand, der Miniaturnachbildungen der *Santa Domenica*, Eiffeltürme mit elektrischer Beleuchtung und bemalte russische Puppen feilbot. Außerdem gab es ein Casino, einen Nachtclub und einen Vergnü-

gungssaal, wo ein aufregendes neues Programm angekündigt wurde.
Clodia war verblüfft von all dem Prunk, während die sonnengebräunten Damen in ihren rückenfreien Kleidern und die Herren in ihren Safarianzügen ebenso verwundert von ihrem Anblick waren. Bevor der Steward uns hinauswerfen konnte, zerrte ich sie auf das Sonnendeck.
Oh, das Wasser war wundervoll! Man wollte am liebsten sofort hineinspringen. Es war das blaueste Blau, das ich je gesehen hatte, und in der strahlenden Sonne sah jeder einzelne Wellenkamm aus, als sei er mit geschmolzenem Gold überzogen. Während ich zusah, sprangen Delfine in hohen Bögen durch die Luft, und Schwärme Fliegender Fische schlugen Purzelbäume.
Ich war erleichtert, als Clodia ihren Wunsch zum Ausdruck brachte, ihr Glück bei den Wurfringen zu versuchen, und ich eilte allein davon, um mir einen Liegestuhl zu suchen. Schon jetzt hing sie wie eine Klette an mir. Unterschwellig, aber unleugbar waren wir zu einem Gespann geworden, es war entsetzlich. Dummerweise fühlte ich mich irgendwie für sie verantwortlich, und doch wollte ich nicht sämtliche fünf Tage der Kreuzfahrt damit verbringen, mir Sorgen um sie zu machen.
Ich ließ mich in meinen Liegestuhl sinken, bettete mein Gewicht in das Segeltuch und schloss die Augen. Die Meeresbrise hinterließ einen salzigen Film auf meinen Lippen und zerzauste mein Haar. Die Sonne schien mir warm aufs Gesicht, und zum ersten Mal war ich froh, dass ich mitgefahren war. Vielleicht würde es doch noch irgendetwas Gutes bringen. Zumindest sammelte ich neue Erfahrungen. Ich streifte meine Schuhe ab und überlegte, ob ich einschlafen sollte.

Dann zwang mich eine Bewegung zu meiner Rechten, die Augen aufzuschlagen. Ich war erbost, als ich sah, dass sich ein kleiner dicker Mann in einem Matrosenanzug aus einer Reihe von rund fünfzig freien Liegestühlen für den unmittelbar neben meinem entschieden hatte.
Ein paar Minuten lang sah ich zu, wie er sich einrichtete, in der Annahme, dass er unter dem Druck meines Blicks zu mir herübersehen würde und ich ihn anfunkeln könnte. Aber er schaute nicht. Er richtete sich ein. Er klammerte sich an den hölzernen Armlehnen fest, während er sein Gesäß behutsam rückwärts in das Segeltuch hinunterließ, bis die Kehlen seiner nackten, fleischigen Knie hart gegen den Rahmen stießen. Dann streckte er, womit er all die geleistete Arbeit zunichte machte, die Beine vor sich aus, zappelte hin und her wie ein Fisch und knallte die Füße auf die Planken des Decks (er trug Kinderschuhe, diese Art, die einen T-förmigen Riemen haben und an der Seite zugeschnallt werden; im Allgemeinen marineblau oder rot, braun, wenn man ein Junge ist; geriffelte Gummisohlen; er hatte die blauen); dann schob er sein Gesäß bis an den Rahmen vor und streckte den Rücken und die Arme durch. Die ganze Zeit über knarrten die Verstrebungen des Liegestuhls in energischem Protest, und ich hoffte, er würde zusammenklappen, aber den Gefallen tat er mir nicht. Und dann, in dem Augenblick, in dem ich dachte, dass er sich eingerichtet hatte, zog er die Beine an und rollte sich zu einer Kugel zusammen.
Er war offensichtlich irgendein Verrückter. Vielleicht war er ja mit einer ganzen Gruppe gekommen. Ich stellte mir vor, dass die Kreuzfahrtgesellschaft Anstalten Sonderrabatte gewährte, nur um noch freie Plätze zu füllen.
Neben ihm, auf der anderen Seite, stand ein riesiger

schwarzer Koffer, fast so groß wie er selbst. Er sah finster aus. Die Art Koffer, die ein Axtmörder benutzen würde, um eine Leiche darin zu verstecken. Vor Leichen hatte ich zwar keine Angst, aber auf Äxte war ich nicht sonderlich erpicht. Ich schauderte.
Ich überlegte, ob ich den Platz wechseln sollte, aber meine Sturheit hielt mich davon ab. Schließlich war ich zuerst hier gewesen. Ich hörte auf, ihn anzustarren, und hielt den Blick fest nach vorn gerichtet. Auf diese Weise würde ich, wenn er eine plötzliche Bewegung machen sollte, auf ihn gefasst sein. Während dieser unbehaglichen Waffenruhe tauchte plötzlich eine in Tränen zerfließende Clodia auf. Offenbar zog die Seeluft den empfindlichen Mechanismus der Hand arg in Mitleidenschaft: Zweimal war er ohne Vorwarnung eingerastet, einmal an der Reling, und sie hatte lange Zeit gebraucht, sich zu befreien. Das zweite Mal hatte er sich an dem metallbeschichteten Gebiss eines Herrn verhakt, und es hatte ein grässliches Gezerre gegeben. Sie hatte ein paar scheußliche Bisswunden davongetragen und wollte den Schiffsarzt um eine Tollwutspritze bitten, nur zur Sicherheit. Sie wusste nicht, wie sie sich je wieder in der ersten Klasse blicken lassen könnte. Nicht dass sie sich um Letzteres sorgen musste, denn der Zutritt war ihr bereits untersagt worden, und eine anschauliche Beschreibung von ihr war an alle Stewards der ersten Klasse ausgegeben worden.
Da sie so aufgelöst war, erklärte ich mich bereit, sie in die Kabine zu begleiten und ihr zu helfen, etwas Öl auf die beweglichen Teile aufzutragen; außerdem war mir daran gelegen, auf Distanz zu dem kleinen dicken Matrosen zu gehen, der, wie ich wusste, unser Gespräch mit aufgesperrten Ohren belauscht hatte.

Fünfzehn

In jener Nacht, als wir nach dem Zapfenstreich auf unseren Kojen lagen, erzählte ich Clodia, wie ich die Kreuzfahrt bei einem Preisausschreiben gewonnen hatte.

»Du liebe Güte«, sagte sie, »ich habe noch nie irgendetwas gewonnen.«

Ich war verblüfft, als ich erfuhr, dass die Reise ein Geschenk ihrer Mutter zur Feier ihres vierzigsten Geburtstags gewesen war. Ich hatte geglaubt, sie sei jünger als ich! Wie hatte ich mich nur in die Lage bringen können, das Kindermädchen für eine Frau zu spielen, die fast doppelt so alt war wie ich? Es war lächerlich. Wie hätte Fiamma sich darüber amüsiert!

»Ich hätte nicht gedacht, dass du vierzig bist, Clodia«, sagte ich über den Rand meiner Koje zu ihr hinunter. »Du siehst mit Sicherheit nicht danach aus.«

»Ach«, sagte sie schüchtern, »Freda, du sagst so nette Sachen.«

Wir verfielen in Schweigen, während ich begann, meine Flucht zu planen. Wenn sie vierzig war, dann konnte sie selbst auf sich aufpassen.

»Ich werde dir noch ein kleines Geheimnis anvertrauen«, kam Clodias Stimme von unten, »Mutter wollte, dass ich auf die Kreuzfahrt gehe, um einen Ehemann zu finden, aber ich will nicht.«

»Warum denn nicht?«, fragte ich träge. Ihre Erfolgschancen erschienen mir ohnehin nicht sehr hoch.
»Weil ich, Dummerchen, Mädchen bevorzuge.«
Es wurde alles immer schlimmer. Rasch gab ich ein paar prustende und schnaubende Geräusche von mir, in der Hoffnung, sie würde sich vorgaukeln lassen, ich sei auf einmal eingeschlafen. Wie sollte ich ihre Avancen zurückweisen, wenn sie meine Koje stürmte? Ich betete, dass die Natur sie in der Nacht nicht rufen würde. Denn wenn doch, wie konnte ich ihren Klauen entgehen?
»Freda, würdest du gern in meine Koje herunterkommen?«, fragte sie mit einer schmalzigen Stimme, die verführerisch klingen sollte.
Mein Schlaftrick war fehlgeschlagen. Was sollte ich jetzt tun?
Ein plötzlicher Radau war meine Rettung. Draußen im Korridor entstand ein entsetzlicher Tumult. Schreie erschallten, als sei ein Massaker im Gange, und dann der Lärm einer Menschenmenge, die sich durch die schmalen Gänge drängelte, brüllend, schubsend, stoßend, schiebend, lauter schreiend, schneller hastend. In der Dunkelheit war es beängstigend. Mein erster Gedanke war, dass ein Feuer ausgebrochen war. Oder dass das Schiff torpediert worden war. Oder dass es auf einen Felsen aufgelaufen war.
Im nächsten Augenblick dachte ich, dass ich Pierino und meine Lieben niemals wieder sehen würde. Ich stellte mir die bewegende, erhabene Beerdigung vor, die Signora Dorotea für mich ausrichten würde, auch wenn es unwahrscheinlich war, dass meine Leiche aus dem Meer gefischt werden würde und mein auf Hochglanz polierter Sarg vermutlich ohne mich in mein Grab hinuntersinken würde. Unter mir wühlte Clodia nach ihrem Feuerzeug, und ein

schwacher Schimmer erhellte die Kabine. (Die Lichter in der dritten Klasse wurden zentral gesteuert und um Punkt neun Uhr abends gelöscht; die erste und die zweite Klasse unterlagen diesem Zapfenstreich nicht und konnten ihr Licht die ganze Nacht brennen lassen, wenn sie wollten.) Draußen ging das Getöse weiter, wurde immer rasender, und das Getrampel von Füßen, die auf und ab rannten, verwirrte mich. Waren diese Leute gefangen?

»Was sollen wir machen?«, flüsterte Clodia.

Für mich stand völlig außer Zweifel, dass wir die Kabine räumen sollten. Wenn ein Feuer ausgebrochen war, dann war sie, mit Clodias immensem Benzinvorrat, der letzte Ort, an dem ich sein wollte. Ich raffte den Saum meines Nachthemds von hinten zwischen meinen Beinen hoch, ganz im Stil Gandhis, und stieg vorsichtig die Trittleiter hinunter. Ich konnte Clodias Blicke auf meinen Schenkeln spüren.

»Komm schon!«, befahl ich ihr und riss die Tür auf. Während wir uns anschickten, uns in das Getümmel zu stürzen, spürte ich auf einmal etwas Pelziges an meinen Beinen vorbeihuschen. Viele pelzige Dinger rannten über meine nackten Füße, und die Luft war erfüllt von einem wilden Gequiekse. Ich begann zu schreien und trat von einem Fuß auf den anderen, um den Boden möglichst nicht zu berühren.

»Ratten!«, schrie Clodia.

Und dann begannen sie zu beißen.

Es war fast Morgen, als die Schiffsmannschaft die Rattenplage endlich unter Kontrolle hatte. Mit Besenstielen ausgerüstete Matrosen schlugen auf sie ein, um die größte Gruppe zu zerstreuen, zehntausend an der Zahl, und

stampften dann mit ihren schwer besohlten Stiefeln auf die Nachzügler. Eine auf Band aufgezeichnete Botschaft dröhnte die ganze Nacht hindurch über die Lautsprecheranlage und sagte mit einer roboterartigen Stimme:
»Die Passagiere der dritten Klasse bitte Ruhe bewahren, keine Panik.«
Aber trotz dieser Anweisung ging der wilde Tumult unter den Passagieren weiter. Als schließlich die letzte Ratte von einem Matrosen mit einem spitzen Gesicht, Knopfaugen und einem zuckenden Schnurrbart aus unserer Kabine geprügelt worden war, ließ ich mich erschöpft auf meine Koje fallen. Clodia stemmte sich die Leiter hoch und drückte sich an mich. Ich hatte nicht die Kraft, sie zurückzuweisen.
»Freda, willst du meine beste Freundin sein?«, fragte sie mich zärtlich.
Diesmal musste ich nicht so tun, als sei ich eingeschlafen. Ich war tatsächlich völlig weggetreten. Ich hatte einen entsetzlichen Traum, in dem ich auf einem Kreuzfahrtschiff aus der Hölle war, aber als ich aufwachte, wusste ich, dass ich nicht geträumt hatte.

Sechzehn

Der Tag nach der Rattenplage war ein ganzer Tag auf See, was sich gut traf, denn ich brauchte etwas Ruhe vor unserer Expedition zu den Pyramiden am Tag darauf. Das Deck der dritten Klasse war übersät mit zerquetschten Rattenteilen: Felle, Schwänze, Gedärme, Ohren, Zähne und Blutspuren bedeckten Wände und Böden.

Viele Leute, Clodia eingeschlossen, waren gebissen worden, und der Schiffsarzt war bald so überlastet, dass ein hastig hingeschriebenes Schild vor der Krankenstation aufgestellt wurde, mit dem alle Passagiere informiert wurden, dass ärztliche Versorgung ab sofort *ausschließlich* denjenigen der ersten und der zweiten Klasse zur Verfügung stand.

Dunkle Gerüchte einer Revolte machten die Runde, und Gruppen von Aufständischen steckten in Ecken verschwörerisch die Köpfe zusammen, aber schon bald wurden die Rädelsführer auf ausdrücklichen Befehl des Kapitäns weggebracht und nie wieder gesehen.

Ich versorgte Clodias Wunden, so gut ich konnte, mit derselben Geschicklichkeit und Sorgfalt, mit der ich Leichen für die Beerdigung herrichtete, und zu meiner Beunruhigung schwor sie mir ewige Treue. Sanft, aber bestimmt erklärte ich ihr, dass ich Jungen mochte und dass ich sogar schon zweimal einen Pimmel in meiner Hand gehalten hatte. Doch das schien sie nicht zu beirren. Das Licht der Liebe loderte in ihren Augen, und sie folgte mir überallhin wie ein Hündchen.

Ein anderer, der überall zu sein schien, war der kleine dicke Mann, der mich tags zuvor im Liegestuhl gestört hatte. Stets in Begleitung des schwarzen Pappkoffers, nahm er das Planschbecken der dritten Klasse für sich allein in Anspruch (der Swimming- und der Whirlpool waren natürlich der ersten und der zweiten Klasse vorbehalten). Er schaffte es, die einzige Sonnenliege an sich zu reißen, die nicht kaputt war, den einzigen Tischtennisschläger (auch wenn er nicht viel mit ihm anfangen konnte), und zur Mittagszeit wurde er beobachtet, wie er eine Reihe von Schinkensandwiches verschlang, obwohl doch jeder wusste, dass der Verzehr von Schinken auf die erste Klasse beschränkt war. Er hatte Freunde an einflussreichen Stellen, darin waren sich alle einig.

Doch im Verlauf des Nachmittags fiel mir auf, dass der kleine dicke Mann mir folgte. Wenn ich an der Reling stand und aufs Meer hinaussah, schlich er sich heimtückisch mit seinem Koffer an meine Seite, wobei er sich sein Toupet am Kopf festhielt (ich hatte bereits drei Stück über Bord gehen sehen). Wenn ich einen kleinen Spaziergang unternahm, war er stets an meinem Ellbogen, den Koffer hinter sich herzerrend. Wenn ich mich für einen Augenblick auf einer Bank ausruhte, setzte er sich so nah neben mich, dass ich die Hitze seines Körpers durch seinen Matrosenanzug spüren und die rhythmische Wellenbewegung seines Fleischs mit jedem Atemzug fühlen konnte.

Zu allem Unglück hatte Clodia einen Rivalen gerochen und heftete sich an meine andere Seite. Es war wie ein Rennen auf drei Beinen, wobei ich das Bein in der Mitte war. Die beiden trotzten all meinen Anstrengungen, sie abzuschütteln, und ich phantasierte bereits davon, sie ins Meer zu schubsen. Ich wurde aufgebracht und wütend. Ich wollte nur noch allein sein.

Ich sah mich nach den anderen Insassen der Anstalt des kleinen dicken Manns um. Es gab allerhand Kandidaten, aber da sie Zivil trugen anstelle ihrer Uniformen, ließ es sich nur schwer mit Bestimmtheit sagen. Ich beschloss, die Oberschwester zu suchen und sie darauf hinzuweisen, dass er mich belästigte. Vielleicht konnten sie die Dosis seiner Medikamente erhöhen oder ihn zumindest in seiner Kabine festhalten, ihn vielleicht an seine Koje schnallen. Aber auch das erwies sich als schwer; das Pflegepersonal trug ebenfalls keine Uniform.

Ich wurde allmählich ungehalten und ernüchtert. In der Nacht zuvor hatte ich es, dank Clodia, lediglich auf zwei Stunden Schlaf gebracht. Unvorstellbar, dass manche Leute ihren rechten Arm hergeben würden, um auf eine Kreuzfahrt zu gehen! Für mich war es wie ein Gefängnis. Ich begann die Stunden zu zählen, bis ich wieder nach Hause konnte. Vierundzwanzig geschafft; sechsundneunzig vor mir. Während sich eine Stunde nach der anderen dahinschleppte, hakte ich sie innerlich ab. Das war meine Hauptbeschäftigung und mein einziger Trost.

An diesem Abend wurde uns im Speisesaal der dritten Klasse zum ersten Mal Fleisch serviert, was unter den Fleischfressern eine kurzzeitige Euphorie auslöste. Geschmack und Beschaffenheit waren mir nicht vertraut, aber es gab für alle genug, und manche Leute nahmen sich sogar noch einmal nach.

Während wir aßen, machten an den langen Tischen Gerüchte die Runde, an diesem Abend würde es im Vergnügungssaal ein Cabaret geben. Natürlich, niemandem von uns würde der Zutritt gestattet sein, aber es gab uns ein perverses Gefühl von Befriedigung zu wissen, was uns entging.

Als sie die Neuigkeit erfuhr, wurde Clodia, die sich so dicht neben mich gedrängt hatte, dass sie fast auf meinem Schoß saß, über das übliche Maß hinaus erregt. In ihren Augen brannte ein neues Feuer, und ihre Nase bebte.

»Freda«, sagte sie theatralisch, ohne sich darum zu scheren, wer sie hörte, »ich nehme dich mit ins Cabaret!«

»Wie denn?«, entgegnete ich. »Wir haben keinen Zutritt, und außerdem würde man dich in dem Augenblick festnehmen, in dem du den Fuß über die Schwelle der ersten Klasse setzt.«

Ich hörte auf das, was ich soeben gesagt hatte, und eine Glocke läutete in meinem Gehirn. Wenn sie festgenommen wurde, dann würde ich endlich von ihr befreit sein.

Sie dachte eine Weile darüber nach, während ein fernes Surren zu vernehmen war, wie eine Spieldose, und dann sagte sie:

»Ich weiß, ich werde verkleidet gehen, dann werden sie mich da oben nicht erkennen.«

»Gute Idee!«, log ich begeistert. Bingo!

Als wir wieder in unserer Kabine waren, zwängte sie sich in eines der Minikleider, die zu kaufen Fiamma mich beschwatzt hatte, und setzte sich eine dunkle Sonnenbrille auf.

»Würdest du wissen, dass ich es bin, Freda?«

»Nie im Leben.«

Ich nahm sie bei ihrer mechanischen Hand (ich fand, diese letzte Gefälligkeit konnte ich ihr erweisen), und wir rannten die Treppe hoch. Ich freute mich zu sehen, dass nahezu

alle Rattenkadaver inzwischen beseitigt waren und nicht mehr in den Gängen verstreut lagen, wo Leute auf ihnen ausrutschten und sich die Beine brachen.
Als wir keuchend das Deck der ersten Klasse erreichten, erklärte ich Clodia, wir müssten uns aus Sicherheitsgründen trennen, bis wir in den Vergnügungssaal gelangt waren.
»Sie wissen, dass wir überallhin zusammen gehen«, sagte ich. »Wenn du allein bist, werden sie dich nicht erkennen.«
Clodia sah mich misstrauisch an, als würde sie einen Trick wittern.
»Und dann können wir uns in der hintersten Reihe aneinander kuscheln?«, fragte sie.
Ich nickte und trat vor in das Vestibül, wo ich mich rasch unter die Menge mischte. Mir gefiel die Vorstellung, dass ich, auch wenn ich nicht unbedingt nach der ersten Klasse aussah, doch leicht als zweite Klasse durchgehen konnte. Ich nahm mir ein Glas Champagner von dem Tablett eines vorbeikommenden Kellners, bereit, auf meine Freiheit anzustoßen, und knüpfte ein Gespräch mit einer zahnlückigen Frau an, die eine Nerzstola und ein Diadem trug.
Die ganze Zeit über suchte ich im Vestibül nach Anzeichen eines Krawalls, der andeuten würde, dass Clodia aufgegriffen worden war. Und dann, als ein Gongschlag den baldigen Beginn des Cabarets ankündigte, schoss Clodia aus dem Treppenhaus hervor wie ein Kuckuck aus einer Uhr. Der ganze Saal verfiel in Schweigen. Es war allen offensichtlich, dass sich ein Eindringling in unserer Mitte befand. Augenblicklich wurde sie von uniformierten Wachleuten umstellt.
»Ich bin nicht Clodia Strozzi«, stammelte sie. »Ich bin jemand anders. Sie müssen mir glauben.«

Es hatte keinen Zweck. Mit einer geübten Bewegung schleiften die Wachleute sie zurück ins Treppenhaus. Bevor die Tür schallend ins Schloss fiel, fing ich für einen Moment ihren Blick auf, und in ihm sah ich deutlich den Schmerz der Liebe, Sehnsucht und Verzweiflung.

Siebzehn

Ich schluckte meinen Champagner zu schnell, eilte in den Vergnügungssaal und ließ mich auf den ersten freien Platz fallen, den ich sah, in der Hoffnung, dass mich niemand bemerkt hatte. Mein schlechtes Gewissen plagte mich nach dem, was Clodia zugestoßen war, und ich wurde nervös, da ich wusste, dass ich gegen die Vorschriften verstieß. Was, wenn ich ebenfalls festgenommen wurde?

Doch gleichzeitig war ich in beschwingter Stimmung. Ich war Champagner nicht gewohnt (genau genommen hatte ich noch nie welchen getrunken), und ich glaube, er war mir zu Kopf gestiegen. Und vieles in diesem Saal – die matte Beleuchtung, das leise Gemurmel, eine erwartungsvolle Spannung, die Gerüche, die sich in der Luft mischten (französisches Parfum, Zigarrenrauch, Cognac, eine bestimmte Marke Möbelpolitur) – erinnerte mich an die Cabaret-Clubs, in denen Mamma früher aufgetreten war.

Als sie jünger war, bevor Fiamma und ich geboren wurden, hatte Mamma auf Kreuzfahrtschiffen gesungen und war um die ganze Welt gereist. Ich stellte mir vor, dass sie unseren Vater auf einem Schiff kennen gelernt hatte, obwohl er ein völliges Geheimnis war, ein verbotenes Thema, das nie erörtert wurde. Vielleicht war es in einem Raum genau wie diesem gewesen.

Ich konnte ihn mir vorstellen, wie eine Figur aus einem

Stummfilm, gut aussehend und kultiviert, mit einem Schnurrbart vermutlich, in einem Dinnerjackett und mit Fliege, eine Nelke im Knopfloch, wie er allein an einem der kleinen Tische saß, ein Glas Whiskey in der Hand, in dem die Eiswürfel klirrten. Vielleicht glimmte zwischen seinen leicht gelblichen Zähnen eine dicke Zigarre, deren Aroma sich in einer Wolke mit seinem teuren Eau de Cologne vermischte.

Oben auf der Bühne teilte sich der Vorhang, und Mamma trat in einem hautengen, langen schwarzen Kleid ins Scheinwerferlicht. Ihr Haar war hochgesteckt, ihr Lächeln betörend.

Als sich ihre Blicke trafen, blieb die Zeit stehen, das Publikum, die Cocktailkellnerinnen und die Kapelle, alles verschmolz zu einem Nichts, das Klimpern des Klaviers verhallte anmutig, und augenblicklich war es Liebe ... aber natürlich war es nicht Mamma, die auf die Bühne getreten war, sondern der Große Fango, der Zauberer. Ich erwachte aus meiner Träumerei und sah, wie er die üblichen Kaninchen aus einem Zylinder zauberte, hart gekochte Eier aus den Mündern der Damen im Publikum und Tauben aus den Gehörgängen der Herren.

Dann folgten Feuerschlucker, Jongleure, zwei Komiker und eine Akrobatentruppe, die mit einer Flasche, einer Orange und einem Stück Bindfaden erstaunliche Kunststücke vollführte. Nach der Pause wirbelten Tanzmädchen in allerknappsten Kostümen zu den Nummern, die Mel Cartouche vortrug: »There's a Kind of Hush«, »Michelle« und »I'll Never Fall in Love Again«. Zugegebenermaßen klangen sie mit seinem harten polnischen Akzent, verglichen mit den Originalversionen, ein wenig seltsam, aber er hatte ihnen seinen eigenen Charme verliehen, und ich muss sagen, er hatte eine sehr ausdrucksstarke Stimme. Ihm zuzuhören weckte in mir sogar die Sehnsucht, ebenfalls zu singen, und auch wenn ich nicht behaupten würde, eine Stimme wie Mamma zu haben, rühmte ich mich doch, ein klein wenig ihres Talents geerbt zu haben.

Allzu bald wurde die letzte Nummer angekündigt, und der Schock dieser Ankündigung ließ mich taumeln, und ein Anfall von Schwindel und Schwäche ergriff mich: Die letzte Nummer war ein Bauchredner. Ja. Ein Bauchredner! Der unvergleichliche, einmalige Alberto Lippi! Mein Gehirn wurde durchflutet von der Erinnerung an Mammas prophezeiende letzte Worte: »Fredina ... ich sehe einen Bauchredner ...« Doch bis jetzt war ich noch nie einem begegnet.

Als sich die Vorhänge von neuem teilten, richtete ich mich auf und reckte den Hals, um zwischen der Frau an dem Tisch vor mir mit dem gewaltigen Haargestrüpp (ehrlich, es war so groß, dass sich ein paar Tauben des Zauberers ein Nest darin gebaut hatten) und ihrem Begleiter, der die Ohren eines Elefanten hatte, etwas sehen zu können.

Zu meinem völligen und überwältigenden Erstaunen sah ich, umrahmt von diesen beiden, den kleinen dicken Mann, dem ich das erste Mal im Liegestuhl begegnet war, oben auf der Bühne, mit einer Bauchrednerpuppe von fast derselben Größe wie er, die steif auf seinen Knien saß. Meine Stimmung sank so tief, dass sie mir schwer im Magen lag. Das also war der Bauchredner. Mein erster Gedanke war, dass ich nie im Leben Sex mit ihm haben könnte.

Er stellte die Bauchrednerpuppe als Malco, den ungezogenen Schuljungen, vor.

»Ich bin nicht ungezogen«, quiekste die Puppe.

»Ich fürchte, er ist ungezogen, Ladys und Gentlemen«, erwiderte der Bauchredner. »Erst neulich ...«

Die beiden zogen das zu erwartende Programm durch, aber ich muss sagen, dass die Stimme, als die Puppe sprach, tatsächlich aus ihr zu kommen schien, und der Mund des kleinen dicken Manns bewegte sich mit Sicherheit kein bisschen.

Am Ende dieses Teils der Nummer erklärte der kleine dicke Mann dem Schuljungen, es sei nun Schlafenszeit, und er lockte ihn in seinen Koffer, den großen schwarzen Koffer, den ich wieder erkannte. Selbst nachdem die Puppe weggesperrt war, murmelte sie immer noch weiter, und die Stimme wurde gedämpft vom Deckel des Koffers, und schließlich wichen seine Klagen einem sanften Schnarchen und Seufzen.

Dann begann der Bauchredner, seine Stimme von irgendwoher aus dem Publikum kommen zu lassen. Er legte seine Worte einem dicklichen, drallen Mann in den Mund und ließ ihn wie einen Eunuchen klingen. Er gab einer Gräfin die Stimme und die Sprache eines ordinären Fischweibs. Ein junges Mädchen ließ er wie Frank Sinatra singen, und die ganze Zeit über saß der kleine dicke Mann schweigend auf der Bühne, allem Anschein nach, ohne irgendetwas zu sagen.

Und dann, als das Finale eben einsetzen sollte, kam die Stimme des Kapitäns über die Lautsprecheranlage und forderte uns auf, das Schiff zu verlassen. In dem Augenblick, in dem die Panik ausbrach und die Damen zu schreien begannen und ihre Abendkleider hochrafften und sich anschickten, um ihr Leben zu rennen, setzte eine Pflanze im Publikum mit dem donnernden Applaus ein. Natürlich, es war der Bauchredner gewesen, der seinen letzten Lacher hatte.

Lachend und schwatzend schoben sich die Passagiere aus

dem Vergnügungssaal, und ich sah mich nervös nach den Wachleuten um, bevor ich mich aus dem Staub machte. Als ich die Hand nach der Tür ausstreckte, hörte ich eine Stimme, eine männliche Stimme, die mir ins Ohr flüsterte, so nah, dass es kitzelte. Immer und immer wieder sagte sie meinen Namen:

»Freda, Freda, Freda.«

Ich sah mich rasch um. Es war niemand da. Ich schauderte, und ich verspürte ein Kribbeln an meiner Schädelbasis. Als ich mich entfernte, sagte die Stimme leise:

»Ich bin dein Schicksal.«

Ich eilte die Treppe hinunter zum Deck der dritten Klasse. Dort war es schwärzer als die Nacht, denn der Zapfenstreich war bereits vorbei. Ich tastete mich vorsichtig zur, wie ich hoffte, richtigen Kabine. Dort angekommen, fummelte ich unter meiner Matratze nach der Kerze und den Streichhölzern, die zu kaufen mir an diesem Tag auf dem Schwarzmarkt geglückt war, der in der dritten Klasse bereits blühte. In dem flackernden Licht, das ich gegen einen Badeanzug und ein Brötchen (gebuttert) eingetauscht hatte, staunte ich über das, was ich sah.

Jede Spur von Clodia war ausgelöscht worden. All die Hemdkleider, die ich im Tausch von ihr erhalten hatte, waren verschwunden. Das war ein schwerer Schlag. Jetzt würde ich meine eigenen unpassenden Kleider tragen müssen. Selbst der Geruch von ihr war verschwunden ebenso wie ihr Plüschpanda-Pyjamasack und ihre graue und widerwärtige Unterwäsche, die sie wie Girlanden rings um ihre Koje aufgehängt hatte. Ihre Zahnbürste und ihre Zahnpasta mit dem Bonbongeschmack fehlten. Selbst der riesige Benzinkanister war verschwunden. Es war wirklich, als hätte es Clodia Strozzi nie gegeben.

Aber vielleicht, und dieser Gedanke munterte mich auf, hatten die zuständigen Stellen lediglich ihr Zeug mitgenommen und zu ihrem Wohl an den Ort ihres Gewahrsams gebracht. Ja, das war es. Es war gut, dass sie diese vertrauten Dinge um sich hatte.
Ich kletterte in meine Koje, während ich mich dazu beglückwünschte, in weiser Voraussicht die Damentoilette der ersten Klasse benutzt zu haben, als ich noch oben war. Der Waschraum der dritten Klasse war seit Beginn der Kreuzfahrt nicht mehr entkeimt worden und vielleicht nicht einmal dann, und außerdem war der Zugang zu ihm durch die stets gegenwärtige Schlange nahezu unmöglich.
Ich löschte die Kerze, da ich sie nicht verschwenden wollte, lehnte mich zurück und dachte an den Bauchredner. Er wollte mir nicht aus dem Kopf gehen. Ich hörte noch immer diese Stimme, die mir ins Ohr flüsterte. Ich spürte noch immer das Kitzeln dieses Atems, der die Worte formte:
»Freda … ich bin dein Schicksal.«
Stimmte das wirklich?
Ich weiß noch, dass ich, während ich döste, ein gewaltiges Platschen hörte, zusammen mit diesem schluckenden Geräusch, das eine Wassermasse verursacht, wenn sie etwas Schweres verschlingt. Und dann fiel ich in einen tiefen, traumlosen Schlaf.

Achtzehn

Um fünf Uhr morgens ertönte die Schiffssirene in der dritten Klasse. »Alle aufstehen. Alle aufstehen«, verlangte die roboterartige Stimme beharrlich.

Es herrschte eine Stimmung glücklicher Gespanntheit, während wir uns aufrappelten. Wir liefen in den Hafen von Port Said ein, zu unserem einzigartigen Besuch der Pyramiden und der Sphinx. Ich weiß noch, wie aufregend es war, in der frischen, reinen Luft an Deck zu stehen und zuzusehen, wie die Küste allmählich näher rückte, all die Boote und das bunte Treiben im Hafen zu beobachten und dahinter die Kuppeln und Minarette, die riesigen Reklametafeln, dicht gedrängten Wohnblocks und unzähligen Palmen, die dem Reisenden von dieser faszinierenden Stadt am Meer kündeten. Für diese Augenblicke der Freude hatte sich alles gelohnt; ich hätte sie um nichts in der Welt versäumen wollen. Die übliche Verzögerung trat ein, während wir festmachten, und dann durften wir, eine Klasse nach der anderen, wie in der Schule, von Bord gehen, hinaus auf den Ponton, der zum Kai führte. Ich genoss das Auf-und-ab-Schaukeln des auf schwimmenden Ölkanistern montierten Pontons und dachte an Clodia. Ich wusste, dass es ihr ebenfalls gefallen hätte.

Gleich hinter dem Zoll tauchten wir in Ägypten ein und in eine Hitze, die einem Backofen glich. Augenblicklich erwachten meine Sinne zum Leben. Meine Augen brannten von der unglaublichen Intensität des Lichts, und die Farben schienen so strahlend: blendende Blau-, Rot- und Gelbtöne und Weißtöne, die weißer nicht hätten sein können. Ein aufregender Lärm lag in der Luft: Der Gebetsruf von den Minaretten erfüllte mich mit Freude; die Schreie der Straßenverkäufer waren wundervoll exotisch; selbst das Dröhnen von Verkehr und Sirenen schien neu und geheimnisvoll. Gerüche bombardierten meine Nase: Dieselabgase, Abwässer, Kreuzkümmel, überreife Bananen, schmorendes Ziegenfleisch, schmelzender Asphalt, Abfall, Dung.

Ich war schon jetzt verliebt in diesen Ort.

Die Stewards lotsten uns zu dem staubigen Parkplatz vor dem Zollschuppen, wo die Passagiere der ersten und zweiten Klasse in ihre klimatisierten Luxusbusse stiegen, die eine chemische Toilette und einen Hostess-Service aufzuweisen hatten, der sie mit eisgekühlten Getränken und Feinschmeckerhappen versorgte.

Für uns in der dritten Klasse war der öffentliche Nahverkehr vorgesehen. Umso besser, dachte ich. Ich wollte weitaus lieber das echte Ägypten erleben, als in einem hermetisch abgeschlossenen Kokon zu sitzen.

Während wir auf unseren Bus warteten, setzten sich die Luxusgefährte in Bewegung. Ein paar der Insassen winkten. Keiner von uns winkte zurück. Die Sonne wurde mit jeder Minute heißer. Bald wurden wir von einer Gruppe kleiner Kinder belagert, die uns kaltes Wasser aus einem gläsernen Behälter anboten, in dem eine halbe Zitrone schwamm. Die Zitrone schien bessere Zeiten gekannt zu haben, aber sie war zweifellos geschmackreich. Andere Kinder boten Ansichtskarten von Kamelen mit Sonnenhüten feil, Fese aus Filz, Schachteln mit Keksen, Kaugummi und Mangoscheiben. Es waren freche kleine Kerle, und sie ließen sich nicht gern mit einem Nein abspeisen. Als ihre Verkaufstechniken allmählich eher bedrohlich als liebenswert wurden, näherte sich ein Polizist und verscheuchte sie mit seinem Stock.

Inzwischen begannen die besorgteren der Ausflügler, immer ungeduldigere Blicke auf ihre Armbanduhren zu werfen und verlangten zu wissen, wann unser Bus denn nun kommen würde. Aber ich amüsierte mich; schließlich war das alles ein Teil des Abenteuers.

Schließlich, nach einer Verzögerung von rund zweieinhalb Stunden, in der drei von uns einen Hitzschlag erlitten und zurück zum Schiff gebracht werden mussten, bog in einer dichten Wolke aus rotem Staub ein Bus auf den Parkplatz ein. Selbst der Staub war angenehmer als unser eigener römischer Staub. Zunächst hielt der Fahrer die Türen fest verschlossen und wollte uns nicht einsteigen lassen, obwohl einige der Herren in unserer Gruppe ihm durch die Fensterscheibe mit den Fäusten drohten. Und dann, als er die Türen schließlich doch öffnete, tauchte ein Schwarm Einheimischer aus dem Nichts auf und stürmte den Bus in Begleitung ihrer Scharen von Tieren und Kindern. Die Kreuzfahrtteilnehmer nahmen den Kampf auf und drängelten sich hinein, obwohl die Höchstkapazität bald überschritten war und viele der Passagiere der dritten Klasse die gesamte fünfstündige Fahrt im Stehen verbringen mussten.

Ich hatte das Glück, einen Fensterplatz neben einer fröhlichen dicken Dame in einem schwarzen Gewand zu ergattern, die einen Kohlkopf von gewaltigen Ausmaßen auf dem Kopf trug. Hinter ihr saßen fünf kleine Kinder und ein Schaf, das von der Hitze überwältigt schien. Und dahinter sah ich zu meinem Erstaunen den Bauchredner. Wie hatte

er es geschafft, den Bus zu besteigen, ohne dass ich ihn sah? Er wedelte sich mit einem Fächer aus Flamingofedern Luft zu, und in dem Gepäcknetz über seinem Kopf – das von Hühnern, Wassermelonen, Zuckerrohr und Teekesseln überquoll – war der große schwarze Koffer verstaut.
Ich war entzückt von der Aussicht, die mein Fensterplatz mir bot, und hielt den Blick auf das ständig wechselnde, spannende Kaleidoskop geheftet. Und doch konnte ich mich nicht wirklich entspannen, mit dem Bauchredner so dicht hinter mir.
Der Bus wurde zu einem Brutkasten, und die Insassen verströmten allmählich einen strengen Geruch. Die giftigen Abgase des Verkehrs drangen durchs offene Fenster und mischten sich mit den Dämpfen, die von einigen Passagieren erzeugt wurden, die ein Feuer entfacht hatten, um einen Eintopf aufzuwärmen oder ein paar Scheiben Hammelfleisch zu grillen. Das Blöken der Schafe und Lämmer, das Schnattern der Gänse, das trällernde Arabisch meiner Mitreisenden – alles war von der faszinierenden, verwirrenden Art eines Traums. Und während ich der Hitze und der stickigen Luft erlag, bildete ich mir andere Stimmen ein, die aus weiter, weiter Ferne zu kommen schienen:
»Warum sie?«
»Du weißt, warum: weil Madame Jo-Jo sich nie irrt.«
»Pah! Du und deine Wahrsagerinnen! Was wissen die denn schon? Und was ist mit mir?«
»Zwischen uns wird sich nichts ändern, vertrau mir. Du weißt, dass wir für immer zusammenbleiben werden.«
Ich schlief. Der Tag hatte früh angefangen, und ich litt an Schlafentzug, seit ich von zu Hause aufgebrochen war. Als ich ein paar Stunden später aufwachte, war der Bus liegen geblieben, weit entfernt vom Hafen, aber lange bevor

wir die Pyramiden erreicht hatten. Wir waren gestrandet. Der Fahrer brühte am Straßenrand Hibiskustee auf. Ein Mann hatte seinen Büffel im Schatten angepflockt und melkte ihn in einen Eimer. Meine Nachbarin reichte mir ein Stück saftige Wassermelone, mit einem völlig zahnlosen Lächeln. Ich nahm es dankbar entgegen. Sie schlürfte selbst genüsslich an einem Stück und spuckte die Samen mit einem schmatzenden Geräusch wieder aus. Um mich herum waren die Passagiere des Schiffs umgefallen wie die Fliegen und lagen stöhnend da. Hühner pickten zwischen den ausgestreckten Gestalten. Der Bauchredner saß noch immer auf seinem Platz zwei Reihen hinter mir. Schweißtropfen standen ihm auf der Stirn und der Oberlippe. Im Gepäcknetz war Malco seltsam still.

Wir kamen nie bis zu den Pyramiden oder der Sphinx . Der Bus blieb für den Rest des Tages und bis in die Nacht hinein am Straßenrand liegen. Bei Sonnenuntergang kamen die Luxusbusse mit der ersten und zweiten Klasse auf der Gegenfahrbahn an uns vorbei, auf dem Weg zurück zum Hafen. Irgendwann später wurde ein anderer Nahverkehrsbus losgeschickt, um uns einzusammeln, und wir wurden mit halsbrecherischer Geschwindigkeit zurückgebracht, um das Kreuzfahrtschiff zu erreichen, bevor es auslief. Der Bauchredner klebte während der Rückfahrt an meiner Seite. Keiner von uns sprach ein Wort.

Als wir schaukelnd über den Ponton stiegen, in dem Augenblick, in dem die *Santa Domenica* den Anker lichtete, wandte ich mich zu dem kleinen dicken Mann um und sagte:

»Ich erkläre mich zu nichts bereit, bevor ich nicht mit meinem Papagei gesprochen habe.« Und dann verließ ich ihn, ohne mich noch einmal umzublicken.

Neunzehn

Der Höhepunkt der Kreuzfahrt war nun vorbei, und das Schiff war auf dem Weg zurück nach Civitavecchia. Wir befanden uns in der Zielkurve, und ein Gefühl erwartungsvoller Spannung hatte die Passagiere der ersten und zweiten Klasse wie auch die Mannschaft ergriffen. In der dritten Klasse konnte davon keine Rede sein. Ein Gefühl von Scheitern, von Melancholie hing über dem untersten Deck wie eine Wolke. Der ganze Zweck der Reise war uns versagt worden, und die Misstrauischeren unter uns sprachen von einer Verschwörung. Die Leute wurden depressiv; ihre Lebensgeister wurden erstickt.

Und als sei das alles nicht genug, brach bei Rula Argenti die Ruhr aus, und angesichts der hygienischen Zustände unter Deck breitete sie sich aus wie ein Waldbrand. Die resignierte Schlange, die ohne Hoffnung vor der einzigen Toilette wartete, die bald scheußlich verstopft war, erörterte die Ursache der Epidemie:

»Es war dieses Wasser mit Zitronengeschmack, das wir auf dem Parkplatz getrunken haben«, sagte Fantasia Spiga, während sie verzweifelt versuchte, den Ausbruch unter Kontrolle zu halten, den sie in sich brodeln spürte.

»Nein, es war der Hühnereintopf, den sie im Bus aufgewärmt haben«, sagte Nero Pupa. »Wir hätten ihn niemals kosten sollen.«

»Es war die Büffelmilch«, entgegnete Nicoletta Bellini. »Dieses garstig aussehende Geschöpf ist an allem schuld.« Bis jetzt hatte ich eine Ansteckung vermeiden können, und ich versuchte, den Großteil des Tages auf dem Sonnendeck zu verbringen, wo die Meeresbrise, wie ich hoffte, die Keime in Schach halten würde.

Stets an meiner Seite war der Bauchredner, zum ersten Mal ohne seinen Koffer. Die Puppe litt offenbar unter einem Hitzschlag, nachdem sie einen ganzen Tag im Gepäcknetz des Busses zugebracht hatte, und lag mit einem feuchten Waschlappen auf der Stirn in der Kabine.

Ich bin mir nicht ganz sicher, wie es geschah, aber wir vermittelten bereits den Anschein eines Paars. Unwillkürlich gingen wir im Gleichschritt über die Decks. Instinktiv bewegten wir uns im Einklang auf eine freie Bank zu, um uns auszuruhen, zu einem verlockenden Stückchen Schatten oder einer interessanten Aussicht über das Meer. Der Bauchredner strich mir vereinzelte Strähnen meines Haars aus den Augen. Ich zupfte ihm Fusseln vom Kragen seines Matrosenanzugs oder haschte nach seinem Toupet, wenn es das Weite suchen wollte.

Als wir in der Nähe der Brücke dem Kapitän begegneten, stellte mich der Bauchredner als Freda Castro, seine Verlobte, vor. Ich war nicht überrascht.

Keiner von uns beiden verspürte das Bedürfnis, viel zu sagen. Wir hatten die geübte Leichtigkeit von Leuten, die seit langer, langer Zeit zusammen sind. Die die Geschichten des anderen kennen und großzügig über seine abgedroschenen Anekdoten lächeln. Die schon im Voraus wissen, was der andere sagen wird, bevor er die Lippen öffnet. Und die seine Gegenwart spüren können, ohne hinzusehen, allein aufgrund seines Geruchs in der Luft, des Geräuschs

seiner Schritte und der unsichtbaren Bande, die sie zusammenschweißen. Und doch täuschten wir uns in dieser Hinsicht, denn wir waren einander völlig fremd.
Rückblickend betrachtet, fühlte ich mich gewiss nicht zu dem Bauchredner hingezogen. Alberto, wie ich ihn nun nennen werde. Aber ich wusste im Grunde gar nicht, was Anziehung war. Ich hatte sie noch nie empfunden. Ich hatte mit Sicherheit nichts dergleichen für Ernesto Porcino empfunden, lediglich Neugier hinsichtlich seines Körpers. Und doch war ich, wie Alberto, überzeugt von der Unvermeidlichkeit all dessen. Ich setzte mein Vertrauen in Mamma. Sie hatte meine Zukunft mit einem Bauchredner gesehen. Aller Wahrscheinlichkeit nach war es dieser.
Am letzten Abend auf See sollte es eine Gala geben. Die ursprüngliche Absicht des Kapitäns war es gewesen, auch die Passagiere der dritten Klasse einzubeziehen, um sie ein klein wenig dafür zu entschädigen, dass ihnen der Höhepunkt der Kreuzfahrt entgangen war. Er dachte über Möglichkeiten nach, sie dabei auf Softdrinks zu beschränken, da er nicht wollte, dass sie sich betranken, und entwickelte ein Zweistufensystem unter Einbeziehung anderer Erfrischungen, aber die Berechnungen und Diagramme, die er auf einem Stapel Papier erstellte, erwiesen sich als überflüssig. Als sich die Ruhrepidemie verschlimmerte, war klar, dass das Unterdeck nicht in die Feierlichkeiten mit einbezogen werden konnte. Bald sah er sich sogar gezwungen, die gesamte dritte Klasse unter Quarantäne zu stellen.
Als ich auf mein Deck zurückkehren wollte, sah ich, dass es mit einem Plastikband versperrt war, und Schilder, auf denen stand: »Infiziertes Gebiet. Lebensgefahr. Zutritt

verboten.« Aus der kontrollierten Zone drangen entfernte Schluchzer.

Und so ergab es sich, dass ich in Albertos Kabine einzog, obwohl nichts annähernd Intimes zwischen uns stattfand, das kann ich Ihnen versichern. Er war im Bereich der Unterhaltungskünstler untergebracht, auf dem Personaldeck, eingezwängt zwischen der zweiten Klasse und den Maschinenräumen. Die Puppe war genötigt, ihre Koje an mich abzutreten und wieder in ihrem Koffer zu verschwinden, und obwohl sie sich beklagte, blieb Alberto hart. Danach war die Puppe auf mich nicht mehr gut zu sprechen, und obwohl ich mir alle Mühe gab, freundlich zu sein, verzieh sie mir das nie.

Es gelang mir, einem der Tanzmädchen ein Kostüm abzuschwatzen, und der Galaabend wurde die beste Nacht meines Lebens. Alberto war umwerfend. Seine Nummer war noch besser als die davor, und ich war stolz auf ihn. Ja, stolz. Die anderen Damen im Publikum betrachteten mich mit einem Ausdruck von Verständnis und Anerkennung, hie und da spürte ich sogar Neid, und ich errötete und war verlegen. Die Stimme in meinem Ohr flüsterte:

»Heirate mich, Freda«,

und ich flüsterte zurück:

»Das hängt von meinem Papagei ab.«

Nach dem Cabaret wurde getanzt, und zwar auf dem Sonnendeck der ersten Klasse, wo man einen Bereich mit einer tragbaren polierten Oberfläche eigens vorbereitet hatte. Alberto war ein wundervoller Tänzer. So leichtfüßig – überhaupt nicht wie ein dicker Mann. Und obwohl er mir nur bis zur Schulter reichte, glaube ich, dass wir ein hübsches Paar waren. In atemberaubendem Tempo wirbelten wir über die Tanzfläche, und Alberto kannte alle Schritte:

den Samba, den Mambo, den Jive. Wir zelebrierten sogar den Tango, der uns eine Runde Applaus von den Zuschauern einbrachte.

Wir tanzten noch immer, als plötzlich die Schiffssirene ertönte und der Kapitän den Befehl gab, das Schiff zu verlassen. Diesmal war es nicht Alberto, der uns einen Streich spielte.

Wir kamen nie dahinter, was wirklich passiert war. Es war eine ruhige und romantische Nacht unter einem Baldachin funkelnder Sterne, die dem Neumond huldigten. Das Meer wogte sanft wie gekräuselte Seide. Es ging kaum ein Windhauch.

Ein von einem russischen U-Boot abgefeuerter Torpedo war eine der phantasievolleren Theorien, die vorgebracht wurden. Fahrlässigkeit. Metallverschleiß. Höhere Gewalt. Teufelswerk. Alles wurde von den ermittelnden Behörden in Betracht gezogen. Wahrscheinlicher war allerdings ein Sabotageakt von einem oder mehreren der Passagiere der dritten Klasse. Einige, das wusste ich, standen gefährlich nah am Rande der Verzweiflung. Andere konnten einfach nicht noch mehr verkraften.

Was immer die Erklärung war, das Schiff begann rasch zu sinken. Anders als in diesen Katastrophenfilmen gab es keine Panik – keine hysterischen Damen, keine Herren, die aus Revolvern feuerten oder sich als Großmütter verkleideten, um einen Platz in den Rettungsbooten zu ergattern. Die Mitglieder der Kapelle spielten nicht weiter; sie legten ihre Instrumente nieder und stellten sich ruhig an ihren Plätzen auf. Der Kapitän verharrte nicht stoisch auf der Brücke.

Die Rettungsboote wurden in geordneter Weise hinuntergelassen, und es gab mehr als genug davon, zumindest für die Passagiere der ersten und zweiten Klasse, die Unterhaltungstruppe und die Mannschaft.

Unter Deck waren die Passagiere der dritten Klasse, die die Ruhr überlebt hatten, bereits ertrunken. Nur das Oberdeck befand sich noch über dem Meeresspiegel. Alberto streifte sein Dinnerjackett ab und wollte sich eben eines der inneren Treppenhäuser hinunterstürzen, um Malco zu retten, doch da wurde unter Wasser ein Blubbern laut, und der Schuljunge tauchte in einer kleinen, roten Badehose und einer Tauchermaske auf. Er warf Alberto einen schelmischen Blick zu, schritt hinüber zu einem Rettungsboot, in dem er seinen Platz einnahm, und wickelte sich in eine Decke. Als die Wellen um den Saum meines geborgten Kleides schlugen, wussten wir, dass es für uns ebenfalls an der Zeit war zu gehen. Wir stiegen in das Rettungsboot, die Matrosen ruderten uns rasch davon, und mit einer sanften Bewegung glitt die *Santa Domenica* lautlos in die Wellen.

Die Rettungsboote schaukelten nebeneinanderher wie schwimmende Korken. Das Einzige, was man hörte, war das sanfte Plätschern der Wellen gegen die Bootswände und das gedämpfte Flüstern der Überlebenden.

Es dauerte nicht lange, bis uns das Minensuchboot HMS *Clover* rettete, und am Vormittag liefen wir bereits in Civitavecchia ein. Wie erleichtert war ich, als der Hafen allmählich immer näher rückte und bereits die Klänge einer Blaskapelle vom Kai herüberwehten. Ich sah aufgezogene Flaggen und ein paar leicht eingeschrumpfte Luftballons. Bald konnte ich meine eigene kleine Willkommenscrew auf dem Kai entdecken, und Tränen traten mir in die Augen. Die kleine Gruppe war genau dieselbe und stand an derselben Stelle wie damals, als sie mich verabschiedet

hatte. War das wirklich erst fünf Tage her? Wie viele Leben hatte ich seitdem gelebt.
In einiger Entfernung konnte ich Clodias Mutter erkennen, die mit ihrer mechanischen Hand einer anderen Frau zuwinkte, die sie irrigerweise für ihre Tochter hielt, und voller Erleichterung unter dem falschen Eindruck weinte, dass sie überlebt hatte.
Endlich, endlich konnte ich von Bord gehen und eilte geradewegs in die wartenden Arme meiner Lieben, während Alberto schüchtern hinter mir stand und Malco ungeduldig mit den Füßen im Staub scharrte. Pierino setzte sich augenblicklich auf meine Schulter und strich mit seinem Schnabel über meine Wange, mit einer Bewegung, als würde er ein Messer schärfen.
Signora Dorotea war die Erste, die mich an ihren Busen drückte, was Tante Ninfa wurmte, die der Ansicht war, ihr gebühre der Vorrang. Signora Doroteas Stimme war unter ihren Tränen fast unverständlich.
»Mein armes Mädchen«, schluchzte sie, »die Vorstellung, dass das alles meine Idee war! Du hättest dort draußen umkommen können, und es wäre meine Schuld gewesen.«
»Ja, Sie sollten sich schämen«, schaltete sich Tante Ninfa ein, die ihre Gelegenheit beim Schopfe griff, »dass Sie ihr diese Flausen in den Kopf gesetzt haben! Eine Auslandsreise, also wirklich! Ägypten! Natürlich ist es doch nur, in der heimischen Umgebung zu leben und zu sterben! Überlassen Sie, was ausländisch ist, den Ausländern, das ist es, was ich sage.«
In dem Augenblick, in dem die Dinge zwischen den beiden Frauen eine unschöne Wendung zu nehmen drohten, stürzte der Fotograf der *Monatsschrift der Leichenbestatter* herbei. Der Schiffbruch war ein unerwarteter Gewinn für

die Redaktion. Bis dahin hatte sie noch keine einzige Idee für die Juli-Ausgabe gehabt; jetzt konnte das Unglück auf einer ganzen Doppelseite und mit allen Details ausgewalzt werden – und natürlich mit entsprechend lukrativen Werbeanzeigen.

Tante Ninfa fuhr den Fotografen an. Sie neigte im Allgemeinen nicht zu Aggressivität, aber es war eine Folge des Stresses: Sie war krank vor Sorge gewesen, bis die Behörden endlich bestätigt hatten, dass mein Name auf der Liste der Überlebenden stand.

»Das ist doch nur Sensationsgier«, rief sie erregt, wobei sie mit ihrem billigen Papierfächer auf ihn einschlug. »Diese abscheulichen Paparazzi.«

All das war Wasser auf die Mühlen des Fotografen, und er drückte immer weiter auf seinen Auslöser.

Clodias Mutter schlenderte von einer Willkommensgruppe zur nächsten und rief nach ihrer Tochter, aber natürlich wussten alle, dass die arme Clodia nicht wiederkommen würde.

»Belästigt er dich?«, fragte Polibio mit einer ruckartigen Kopfbewegung in Albertos Richtung. Die beiden taxierten sich mit einem unbehaglichen Schweigen, und jeder war auf den Kampf gefasst.

»Das ist der Bauchredner«, gab ich zur Antwort.

»Wir sind verlobt«, sagte er, womit er eine verblüffende Reaktion auslöste: Jegliche Aktivität an der Hafenfront schien zum Erliegen gekommen. Die Kräne hörten auf, Container auf Schiffe zu verladen; Möwen hielten im Flug inne und verharrten reglos in der Luft; die Blaskapelle brach ab, und ihre dröhnenden Klänge verhallten. Signalhörner verstummten. Seeleute, Stauer und Straßenmädchen standen still.

Die einzige Bewegung war ein Flattern von Federn, die die reglose Luft aufwirbelten, und Pierino landete auf Albertos Nasenspitze. Eine Sekunde lang sahen sie sich tief in die Augen, und es war Liebe. Pierino stellte sein ganzes Arsenal an Zuneigung zur Schau. Er knabberte zärtlich an Albertos Ohren. Er legte seinen Kopf liebkosend auf seine Schulter. Er vollführte Purzelbäume um seinen ausgestreckten Finger. Er stellte sich auf das Toupet und schlug mit den Flügeln, während er die ganze Zeit mit einer Babystimme gurrte; der Paarungsruf der Papageien.
»Ich liebe dich«, sagte Pierino leidenschaftlich, die ersten Worte, die er je gesprochen hatte.
»Siehst du, er liebt mich«, flüsterte Alberto.
Da wusste ich, dass ich ihn heiraten würde, und meine Stimmung sank.

Zwanzig

Alberto hinterließ erwartungsgemäß keinen vorteilhaften Eindruck bei meinen Freunden und Verwandten.

»Du kannst ihn nicht heiraten«, sagte Signora Dorotea mit Nachdruck, als ich am nächsten Tag wieder zur Arbeit erschien. »Ich weiß nicht, was es ist«, fuhr sie fort, während sie in ihrer Erregung allzu viele Wattebäusche in die Wangen von Signor Stufo stopfte, sodass er allmählich einem Hamster ähnelte. »Ja«, sagte sie, während sie alle entfernte und noch einmal von vorn begann, »ich weiß nicht, was es ist, aber irgendetwas stimmt nicht mit ihm.«

Dieses Gefühl wurde geteilt von Onkel Birillo und Tante Ninfa, die darauf bestanden, dass ich ihnen zum Abendessen Gesellschaft leistete.

»Ich weiß, dass du eben erst Entsetzliches durchgemacht hast«, begann Onkel Birillo über mit Minze und reichlich Knoblauch geschmorten Artischocken, »und natürlich ist es nicht leicht für dich gewesen, seit du deine liebe Mamma verloren hast, Gott hab sie selig.« An dieser Stelle tauschte er einen besorgten Blick mit Tante Ninfa, um sich zu vergewissern, dass er alles richtig machte. Er machte es richtig.

»Und deine Tante und ich, wir sind sehr besorgt um dich; das weißt du doch.«

Ich nickte. Ich wusste, worauf das alles abzielte.

Tante Ninfa konnte sich nicht mehr beherrschen, sie platzte einfach mitten in Onkel Birillos sorgfältig konstruierten Einstieg. »Tu es nicht, Freda«, kreischte sie. »Heirate diesen entsetzlichen kleinen Mann nicht. Es wird in einem Desaster enden; das weiß ich. Raffaello sagt ...«

»Bei der Liebe der Madonna«, unterbrach sie Onkel Birillo, wobei er entnervt mit den Fäusten auf die Tischplatte schlug. »Kannst du denn nicht einmal im Leben den Mund halten?«

Woraufhin Tante Ninfa in ein heftiges, gequältes Schluchzen ausbrach, sodass die Nachbarn herbeistürzten, die das Schlimmste befürchteten.

»Wie ich eben sagen wollte, Freda«, nahm er den Faden wieder auf, nachdem er die Nachbarn zurück ins Treppenhaus gescheucht hatte, »in Anbetracht des Traumas, das du in deinem Leben erlitten hast, ist es nur natürlich, dass du dich nach Glück sehnst, nach Stabilität, nach dem Trost der besonderen Beziehung zwischen Mann und Frau, aber die Ehe ist ein Schritt, den man nicht leichtfertig tun sollte, glaub mir. Ich will nicht sagen, dass dieser Bauchredner nicht richtig für dich ist ...«

»Natürlich ist er nicht richtig für sie«, schrie Tante Ninfa. »Was redest du denn da, Birillo?«

Ohne auf sie zu achten, fuhr Onkel Birillo fort:

»Aber du hast ihn erst vor ein paar Tagen kennen gelernt, und das unter den schrecklichsten Umständen. Denk gründlich darüber nach; das ist alles, worum ich dich bitte. Überstürz nichts, versprichst du mir das?«

»Ich verspreche es«, log ich.

Als ich ging, hörte ich, wie Tante Ninfa tobte. »Birillo, dieser Mann ist schlimm, das sage ich dir. Er treibt irgendein Spiel mit ihr; du wirst noch an meine Worte denken ...«

An diesem Abend oder genauer gesagt in den frühen Morgenstunden des nächsten Tages erhielt ich einen mysteriösen Telefonanruf. Zuerst wurde irgendetwas auf Spanisch gesagt, und ich nahm an, dass noch jemand in der Leitung war. Dann wurde ein Knistern und Knacken laut. Und dann hörte ich eine Stimme, die ich erkannte. Es war Fiamma. Sie rief aus Paraguay an, wo sie geheime Gespräche mit der Regierung führte. Besorgt von der Nachricht, die sie über das Telex erhalten hatte, hatte Fiamma die Gespräche in einer entscheidenden Phase unterbrochen, um mich anzurufen.

Es gab immer wieder Augenblicke, in denen ich nichts hören konnte, aber Fiamma redete einfach weiter, sodass unser Gespräch etwas verworren wurde, aber ich hatte eine ungefähre Vorstellung von dem, was sie sagte.

»Freda, du begehst einen gewaltigen Fehler«, sagte sie schließlich.

»Du hast dasselbe getan«, erwiderte ich.

»Das ist etwas anderes«, fuhr sie mich an, und dann war die Leitung tot.

Einundzwanzig

Am nächsten Morgen erstickte ich bei den Schlagzeilen von *La Repubblica* fast an meinem Kaffee:

KREUZFAHRT-HORROR – DER ALBTRAUM GEHT WEITER

Der Artikel fuhr fort:

Ein Fischtrawler, die *Santa Isolda,* machte gestern Mittag eine ungewöhnliche Entdeckung, als er im Golfo di Noto seine Netze einholte. Zusammen mit den Meerbrassen, Doraden, Sardinen und diversen Krustentieren füllte das Netz ein, wie man zunächst vermutete, seltener Melonenkopf-Wal (Peponocephala). Doch bei genauerer Untersuchung stellte man fest, dass er eine dichte, von Muscheln und kleinen Krebsen verkrustete Mähne hatte. Die abergläubischen Seeleute aus Pozzallo (Provinz Ragusa) glaubten, eine Meerjungfrau aufgefischt zu haben, und diskutierten gerade darüber, ob dies als gutes oder schlechtes Omen zu deuten sei, als das Geschöpf im Netz zu sprechen begann. Wenn auch zusammenhanglos, wiederholte das Geschöpf, das später als Frau identifiziert wurde, immer wieder den Namen des Luxus-Kreuzfahrtschiffs *Santa Domenica,* das in der Nacht zuvor im Malta-Kanal unter ungeklärten Umständen gesunken war. Offenbar war diese Überlebende von der Unglücksstelle die erstaunliche Strecke von siebzig Kilometern geschwommen, bevor sie sich in den Netzen des Trawlers verfing. Obwohl sie durch die Schiffsmannschaft vorbildlich versorgt wurde, verstarb die Frau, bevor sie das Krankenhaus in Avola erreichte. Ihre letzten, rätselhaften Worte lauteten: »Sagt Freda, dass ich sie liebe.« Die Frau, nackt und mit einem Gewicht von 100 Kilo, hatte eine ungewöhnliche mechanische linke Hand, die durch den Kontakt mit dem Meerwasser korrodiert war. Sie trug keine offiziellen Ausweispapiere bei sich, wurde aber später anhand ihres Zahnschemas als eine Clodia Strozzi aus dem römischen Bezirk San Basilio identifiziert. Die Todesursache wurde durch den amtlichen Leichenbeschauer mit Erschöpfung, Entkräftung und Einatmung von Salzwasser angegeben. Sie hinterlässt ihre Mutter, ebenfalls Clodia. Die Schifffahrtsgesellschaft »Perfect Luxury«, die Eigentümerin des Unglücksschiffs, drückte Signora Strozzi gestern Abend ihr tiefstes Beileid aus. »Signora Strozzi (junior) war Leben und Seele der Reisegesellschaft auf unserer in letzter Zeit außergewöhnlich erfolgreichen Kreuzfahrt ›Magie der Pharaonen‹. Ihre Mitreisenden werden ihr ausgelassenes Tanzen, ihren sprühenden Geist und ihren ungeheuren Sinn für Humor in liebevoller Erinnerung behalten. Bedauerlicherweise wird es Leute ihres Schlags nie wieder geben«, sagte ein Sprecher.

Clodia hatte also doch überlebt, nur um anschließend doch noch zu Grunde zu gehen. Und dass ihre letzten Worte mir gegolten hatten! Mir war entsetzlich zumute.
Es dauerte nicht lange, bis ein Reporter des geschmacklosen Schundblatts *Schmutziger Klatsch* am Empfangstresen des Bestattungsinstituts auftauchte und Fragen stellte.
»Könnten Sie sich zu der Art der Beziehung zwischen Freda

Castro, Ihrer Einbalsamiererin, und der verstorbenen Frau äußern?«, fragte er Signora Dorotea anzüglich, während ich mich in der Totenkapelle versteckte.

»Nein, das könnte ich nicht«, erwiderte Signora Dorotea und verscheuchte ihn mit der Drohung, ihm eine Injektionsnadel in die Leistengegend zu verpassen.

Als ich gegen Mittag aufbrach, um Albertos Familie vorgestellt zu werden, trug ich eine dunkle Sonnenbrille, nur für den Fall, dass draußen die Paparazzi lauerten. Signora Dorotea konnte sich ein letztes Wort nicht verkneifen.

»Ich sage dir, Freda, du begehst einen gewaltigen Fehler. Es ist eine Urlaubsromanze; das ist alles. Wir hatten sie alle, sogar ich. Ich war auch einmal jung, weißt du. Sein Name war Siro. In Canneto war es, eines Augusts. Ich war damals zwölf – oder doch schon dreizehn? Jedenfalls voller Hormone und ohne Verstand. Er hatte die größte Murmelsammlung, die ich je gesehen habe.«

»Ich bringe Ihnen auf dem Rückweg ein Baiser mit«, sagte ich, da ich wusste, wie man sie ablenken konnte.

»Oooh, wie schön«, sagte sie. »Ja, bitte.«

Ich war richtig nervös, als ich Signora Lippi, Albertos Schwester Nunziata und ihrer Brut, damals fünf an der Zahl, vorgestellt wurde.

Die Signora sah mich lange an, ohne ein Wort zu sagen. Dann wandte sie sich an Alberto und sagte nur:

»Sohn, heirate sie nicht.«

Dann schaltete sich Nunziata ein und sagte zu ihrem Bruder:

»Ich mag sie nicht.«

Danach sagte Alberto:

»Ich finde, das lief recht gut.«

Aber ich bin mir ziemlich sicher, dass er log.

Zweiundzwanzig

Trotz dieses Widerstands setzten wir den Termin fest, und zu der Zeit, glaube ich, vereinte uns die vorherrschende Meinung, dass wir ein angekündigtes Desaster waren. Wenigstens so viel hatten wir gemeinsam.

Am Samstag, dem 24. Juni 1972, um fünf Uhr nachmittags wurden wir getraut.

Meine einzige Genugtuung war das Wissen, dass ich Mammas Prophezeiung erfüllt hatte.

Die Hochzeitszeremonie, die im Municipio in der Via Giulia stattfand, nur ein paar Blocks von unserer alten Wohnung entfernt, war eine freudlose Farce. Genau genommen war ich auf Beerdigungen gewesen, die weitaus fröhlicher waren. Am Eingang verteilte Polibio, der in einem unüberlegten Versuch, humorvoll zu wirken, eine falsche Nase trug, Papiertaschentücher, um die Tränen der vielen weinenden Gäste zu trocknen. Tante Ninfa war untröstlich, und ihr Geheul war noch lauter als damals, als wir Mamma und später Signora Pucillo zu Grabe trugen.

»Ich kann nichts dafür, Birillo«, heulte sie, bevor mein Onkel die Lippen öffnen konnte, um sie zusammenzustauchen. »Diesen abscheulichen, hässlichen, schmuddeligen, widerlichen kleinen Mann zu sehen, das ertrage ich einfach nicht.«

»Reg dich nicht auf, Ninfa«, sagte Fiamma, die versuchte,

sich fröhlich zu geben. »Es wird doch sowieso nicht halten, warum machst du dir dann überhaupt Sorgen?« Aber bald schluchzten selbst die Geheimagenten, von denen sie umgeben war.

Die Förmlichkeiten wurden so rasch abgewickelt, dass ich sie nur verschwommen wahrnahm. Ich antwortete auf jede Frage, die mir gestellt wurde, mit Ja, ohne zu überlegen. Ich zwang meine Nerven durchzuhalten und konzentrierte mich auf Äußerlichkeiten: das hölzerne Geräusch von Malcos Zähnen, die in der Reihe genau hinter mir knirschten; das grunzende Atmen von Nunziatas Brut, einheitlich in schwarze Knickerbocker und Hüte gekleidet; das Geschnatter von Signora Lippi und den überwältigenden, schalen Geruch des Bräutigams an meiner Seite.

Der einzige Glückliche war Pierino. Er stand auf Signora Doroteas Schulter, schlug mit den Flügeln und bellte in Nachahmung eines Hunds, was seine wahre und tiefe Freude zum Ausdruck brachte.

Danach gab es keinen Empfang, keinen Kuchen, keinen Tanz, keine Geschenke und kein Konfetti. Wozu auch? Zu feiern wäre scheinheilig gewesen.

Und so mietete Alberto ein Pony und eine Kutsche, um uns zum Bahnhof zu bringen, wo wir den Zug nach Fregene nehmen würden, um unsere Hochzeitsnacht in dem berühmten Hotel Villa Spugnea zu verbringen.

Die Gäste von meiner Seite gingen mit zu Tante Ninfa, um düstere Prophezeiungen über unser Eheleben auszutauschen (von denen sich einige als verblüffend zutreffend erwiesen) und gleichzeitig ihren Schmerz in Onkel Birillos hausgemachtem Kaffeelikör zu ertränken.

Was Albertos Familie tat, konnte ich nicht sagen.

Dreiundzwanzig

Ich würde es vorziehen, einen Schleier über die technischen Details unserer desaströsen Hochzeitsnacht zu breiten. Alles, was schief gehen konnte, ging schief. Obwohl Alberto die Flitterwochen-Suite reserviert hatte, hatte die Villa Spugnea darüber keine Aufzeichnungen und erklärte, sie stünde nicht zur Verfügung. Und obwohl das Hotel menschenleer war, versicherte uns die Empfangsdame allen Ernstes, alle Zimmer seien belegt.

Sie regte die Möglichkeit einer Besenkammer an, die uns, wenn wir bereit seien, lange genug zu warten, jemand zeigen könnte. Über eine Stunde, dann zwei, standen wir uns in dem leeren Flur die Beine in den Bauch, und schließlich führte uns die Hausdame, die in einem früheren Leben eine rumänische Kugelstoßerin gewesen war, mit wenig Begeisterung hoch auf den Speicherboden.

Die Besenkammer entpuppte sich als typische Besenkammer, ausgestattet mit einer Vielfalt an Mopps, Besen, vorsintflutlichen Schrubbern und verbeulten Eimern. Sie war mit einer dicken Staubschicht überzogen, die die Schnellfeuerattacke jenes Niesens auslöste, an dem Alberto litt, seit er ein kleiner Junge war. Die Kugelstoßerin informierte uns, dass gegen einen Aufschlag von zwanzigtausend Lire auf den Zimmerpreis ein Feldbett aufgestellt werden könne.

Begeistert – zu begeistert, wie ich fand – nahm Alberto das Angebot an.

Wir warteten auf diesen Service und auf die Lieferung unseres Gepäcks, während Alberto in einem fort mit der ohrenbetäubenden Schnelligkeit eines Maschinengewehrs nieste.

Ich wünschte, ich könnte sagen, dass mein Bräutigam und ich dieses Mal vor Leidenschaft für das Fleisch des anderen glühten, aber das taten wir nicht. Stattdessen nieste Alberto, und ich balancierte auf einem umgestülpten Eimer, während ich die Frage zu unterdrücken versuchte, die sich mir immer wieder aufdrängte: »Was tue ich hier eigentlich?« Die Situation erinnerte mich an meinen Weg über die Gangway des Kreuzfahrtschiffs, als ich (leider!) dem Drang widerstand wegzulaufen. Sollte ich diesmal flüchten, bevor es zu spät war?

In diesem kritischen Augenblick erschien die Kugelstoßerin mit unserem Gepäck und dem Feldbett, das sie mit großem Gemurre und einem Übermaß an Ungnade aufstellte. Wir mussten ihr eine Unsumme dafür bezahlen, dass sie wieder ging. Jeder Versuch, sie mit einem Trinkgeld zufrieden zu stellen, schlug fehl, und sie hielt uns weiterhin die ausgestreckte Hand hin, mit einem bedrohlichen Blick in den Augen.

Schließlich waren wir allein. Nun ja, fast allein. Obwohl Alberto versprochen hatte, Malco bei seiner Mutter zu lassen, da sich das Verhältnis zwischen der Puppe und mir seit unserer Rückkehr von der Kreuzfahrt weiter verschlechtert hatte, hatte ich Grund zu der Vermutung, dass Alberto den Schuljungen mitgeschmuggelt hatte. Zwar hatte er auf den schwarzen Ersatzkoffer, in dem die Puppe im Allgemeinen reiste, verzichtet, aber stattdessen hatte er nun einen roten,

ähnlich an Gewicht und Größe, dessen Inhalt zu offenbaren oder zu erklären er sich weigerte.
»Nur ein harmloses kleines Geheimnis, meine Liebe«, hatte er gemurmelt, bevor der Niesanfall ihn rot, nass und sprachlos werden ließ. Aber schon jetzt ließ seine Beziehung zu der Puppe in einem Winkel meines Gehirns eine Alarmglocke leise läuten.
Wir standen verlegen in der nun gerüttelt vollen Besenkammer herum und warteten, was als Nächstes passieren würde – Liebe, nahm ich an, aber sie stellte sich nicht ein.
Alberto konnte nicht aufhören zu niesen. Jeder Versuch war sinnlos, und so hielt er sich mit Daumen und Zeigefinger der einen Hand die Nasenlöcher zu und begann mit der anderen, sich seiner Kleider zu entledigen. Ich versuchte zu helfen. Das war das Mindeste, was ich in Anbetracht der Umstände tun konnte. Wir befreiten ihn von seinem Jackett, den Schuhen und der Hose, seinem Hemd und seiner Krawatte, hörten aber bei seinem Unterhemd, seiner Unterhose und den Socken auf. Es erschien mir allzu offenkundig, weiter fortzufahren. Ich versuchte, sein graues Fleisch – das die Farbe einer nicht einbalsamierten Leiche hatte – und den Geruch eines nassen Hundes, der ihn umgab, zu ignorieren.
Mit sinkendem Mut begriff ich, dass die Reihe nun an mir war. Widerstrebend zog ich mein Beerdigungskostüm und die Bluse aus, mit derselben Verlegenheit, mit der man sich vor einer ärztlichen Untersuchung entkleidet.
Dann war da das Problem, was wir mit den Kleidungsstücken machen sollten, die nun das Feldbett einnahmen. Gemeinsam versuchten wir, sie an den Stielen der Besen und Mopps aufzuhängen, damit sie nicht im Staub lagen. Wir nahmen uns Zeit für diese Aufgabe. Es bestand kein

Grund zur Eile. Wir rückten alles zurecht, bis wir mit den Ergebnissen zufrieden waren, und empfanden die Genugtuung, eine Arbeit gut erledigt zu haben.
Danach hätte ich wirklich gern den Heimweg angetreten. Schließlich wussten wir, dass wir uns dem Feldbett nähern mussten. Es konnte keine Ausflüchte mehr geben. Alberto übernahm die Führung und ließ sich auf eine Weise auf dem Bett nieder, die mich augenblicklich an jenen Liegestuhl auf der *Santa Domenica* erinnerte, als ich ihn das erste Mal gesehen hatte und von ihm abgestoßen war. Die Sprungfedern stöhnten und zogen es in Betracht, den Geist aufzugeben. Eine tat es, und es gab einen Ruck, als der Leinenstoff riss, sodass sich Alberto den Kopf am Boden anschlug. Zweifellos würden wir für den Schaden aufkommen müssen.
Mit seiner freien Hand bedeutete er mir, mich zu ihm zu gesellen. Ganz offensichtlich war das Bettgestell dafür weder robust noch breit genug, aber ich ließ mich behutsam hinunter, bis ich auf ihm saß. Dann gaben die restlichen Sprungfedern nach, und der Leinenstoff trennte sich mit der Bewegung einer Schlange, die sich häutet, von dem Gestell. Jetzt befanden wir uns auf dem Boden, und das Gestell erhob sich über uns wie eine Besuchergalerie. Ein kicherndes Geräusch kam aus dem roten Koffer.
So viel zu den Vorbereitungen. Ist es ein Wunder, dass ich es nicht fertig brachte, Albertos Leidenschaft zu wecken, ebenso eindeutig, wie es ihm misslang, die meine zu entfachen? Ich glaube, dass er wirklich nicht mehr Ahnung hatte als ich, was nun zu tun sei.
»Nicht so, so kann das nicht klappen«, brachte er niesend hervor, als ich sein kleines rosa Ding etwa so anpackte, wie ich Ernestos violettes im letzten Sommer gehandhabt hatte.

Ich hielt seine Nase für ihn, während er es versuchte, aber er war auch nicht erfolgreicher als ich. Es war quälend.
Mit Schaudern entsinne ich mich an seine Hände, die sich wie heiße Speckschwarten anfühlten, die mir auf die Haut geschmiert wurden. Sein schweißtriefender Körper, schwer wie ein totes Gewicht, zerquetschte mich, und die stickige Luft in der Kammer verschärfte die fauligen Gerüche, die er ausdünstete. Der Schleim, der ihm aus Mund und Nase rann. Und dann, viel später, als sich das Niesen endlich verlangsamte und schließlich aufhörte, begannen die Stimmen mit ihren obszönen Kommentaren und Vorschlägen.
Der Morgen hatte es nicht eilig, sich einzustellen. Als die ersten fahlen Sonnenstrahlen durch das Dachfenster der Besenkammer drangen, wurde mir die Wahrheit bewusst: Ich hasste Alberto. Es war der 25. Juni 1972 und der erste Tag unseres Ehelebens.

Immer wieder

Eins

Sturheit, nehme ich an, hielt mich davon ab, die Ehe zu beenden – ich wollte nicht zugeben, dass ich Unrecht und alle anderen Recht gehabt hatten. Natürlich, insgeheim akzeptierte ich die Tatsache, dass es töricht von mir gewesen war, allein aufgrund von Mammas letzten Worten zu heiraten – ich hatte auf schmerzhafte Weise gelernt, dass Prophezeiungen ein Haufen Unsinn sind. In den ersten Monaten bedrängten mich alle möglichen Leute – selbst völlig Fremde, wie die Frau, deren Pudel mich auf der Piazza Navonna in mein schlimmes Bein biss –, Alberto zu verlassen, aber danach erwähnten sie es nicht wieder.

Glücklicherweise hatten er und ich von Anfang an und ohne jeden Diskussionsbedarf jeder sein eigenes Leben wieder aufgenommen. Ich steckte weiterhin all meine Energie in meine Arbeit und war dabei, mir einen respektablen Ruf zu erwerben. Aufgrund der eskalierenden Gewalt in der Stadt gab es für mich immer wieder neue und faszinierende Herausforderungen und natürlich eine wachsende Arbeitslast. Morde gehorchen, wie alles andere, gewissen Modetrends. Einmal war es angesagt, Ohren abzuschneiden, dann Nasen, dann Lippen. Nur einmal waren Signora Dorotea und ich völlig aufgeschmissen, als dem berüchtigten Gangster Tusco Gozzini in der übelsten Vendetta, die uns je vorgekommen war, das ganze Gesicht weggehackt worden war. Zwar brachten wir es fertig, die fehlenden Züge nachzubilden, aber das entstandene Gesicht ähnelte nicht mehr dem Tusco von den Fahndungsplakaten, die jeder kannte. Nichtsdestotrotz war uns die Familie unendlich dankbar für unsere Bemühungen, und seine Witwe behauptete sogar, ohne die gebrochene Nase und das Blumenkohlohr sei er ihr lieber.

Die wenige Freizeit, die mir blieb, widmete ich Pierino, auch wenn er, wie ich wusste, seine Zuneigung inzwischen auf den Bauchredner übertragen hatte.

Alberto und die Puppe blieben im Kreuzfahrtgeschäft und waren oft Monate hintereinander abwesend. Von Zeit zu Zeit erhielt ich Ansichtskarten aus Sydney, den Fjorden, Alaska oder Madagaskar, und in jenen Momenten verspürte ich helle Freude darüber, sie so weit fort zu wissen. Doch Pierino schmachtete während der ganzen Zeit ihrer Abwesenheit. Die Federn fielen ihm büschelweise aus, und er fragte ständig: »Wo ist Papa? Wo ist Papa?«, bis sowohl Signor Tontini als auch mir selbst nach Schreien zumute war.

Als sie zurückkehrten (wobei Pierino in Anfällen von Entzücken zusammenbrach), erklärte ich mich widerstrebend bereit, sie in meiner Wohnung aufzunehmen, bestand allerdings darauf, dass Malco in seinem Koffer blieb. Sie traten auf, wo sie konnten, und neben den regelmäßigen Vorstellungen im Cabaret-Club Berenice beglückten sie Kinderpartys, Firmenfeiern und die magische Grotte im Kaufhaus Condelli mit ihrer Anwesenheit.

Obwohl ich Alberto nicht mochte, war ich nicht unglücklich. Schließlich hatte ich keine Ahnung, wie eine Ehe sein sollte. Die einzige, die ich aus nächster Nähe mitbekommen hatte, war die von Onkel Birillo und Tante Ninfa, und diese beiden schienen sich gewiss nicht zu mögen. Mochte Fiamma Polibio? Ich weiß es nicht – wir haben nie darüber gesprochen.

Natürlich war ich ebenso frustriert wie vor der Hochzeit, und wenn überhaupt, dann nahmen die Hautausschläge, das Herzflattern und die peinlichen Aufwallungen nur noch weiter zu. Hin und wieder begegnete ich Ernesto Porcino auf Handelsmessen, aber er ignorierte mich. Außerdem hütete ich mich davor, eine Affäre zu haben – ich wusste, dass es keine Lösung war, einen unbefriedigenden Mann durch einen anderen zu ersetzen. Ein- oder zweimal versuchte ich es mit Masturbation, aber darin war ich nicht gut.

»Nun ja, Freda, was du nie hattest, das vermisst du auch nicht«, verkündete Signora Dorotea eines Tages aus heiterem Himmel.

Ich nahm an, dass sie Recht hatte, und versuchte, alle Gedanken leidenschaftlicher Art zu unterdrücken, aber als ich dem Commissario begegnete, kehrten all meine alten Symptome voller Rachsucht wieder, und – was noch verwirrender war – neue Phantasien traten hinzu.

Zwei

Ich hatte vor, den ganzen Sonntag mit der Suche nach Pierino zu verbringen, aber ich erhielt einen dringenden Anruf von Signora Dorotea, den ich nicht ignorieren konnte. Alle siebenundzwanzig Bewohner des Pflegeheims Crepuscolo waren infolge des Verzehrs von Sardinenkonserven an Botulismus gestorben, und der amtliche Leichenbeschauer hatte die Leichen soeben zur Bestattung freigegeben. Bei dieser Hitze würden wir schnell handeln müssen, um sie alle einzubalsamieren, da die Kapazität unseres Kühlraums bereits an seine Grenzen stieß. Ich eilte in den Vicolo Sugarelli, wobei ich nach wie vor nach Pierino Ausschau hielt, aber ich sah nur eine Krähe und zwei Möwen.

Während ich an Signora Doroteas Seite arbeitete, sagte sie: »Dieser Commissario ist ein hübscher Leckerbissen, was?«

»Der Commissario?« Ich war völlig platt. »Ist er hier gewesen?«

»Oh ja«, erwiderte sie. »Ich musste ihm bei seinen Ermittlungen helfen. Hübsche Augen, fand ich. Und so groß. Ich mag große Männer. Porzio war groß, als ich ihn kennen lernte, aber mit dem Alter schrumpfen wir natürlich alle. Jedenfalls dachte ich mir, Freda könnte es noch weitaus schlimmer treffen als mit diesem Commissario ...«

»Was hat er denn gefragt?«

»Ach, du weißt schon, dies und das. Wollte alles über Alberto wissen. Abscheulicher kleiner Widerling, habe ich gesagt. Konnte ihn noch nie leiden. Roch komisch. Ich habe wie nebenbei erwähnt, dass es das Beste für dich wäre, einen netten neuen Mann zu finden, diesmal einen großen …«

»Das haben Sie doch wohl nicht wirklich gesagt!«

»Und ob ich das gesagt habe. Er war interessiert, Freda; er war eindeutig interessiert …«

Da ich wusste, wie feinfühlig Signora Doroteas Anspielungen waren, würde ich dem Commissario nie wieder gegenübertreten können. Aber im Augenblick war er die geringste meiner Sorgen. Wir arbeiteten durchgehend bis spät in die Nacht, um den Bewohnern des Crepuscolo wieder zu ihrem früheren Glanz zu verhelfen. Der Letzte von allen entpuppte sich als Signor Felice, Signora Pucillos Angebeteter. Zunächst erkannte ihn keine von uns beiden, da die Sardinenvergiftung seine sanfte Anmut zerfurcht hatte, sodass er nur noch ein verschrumpelter und eiternder Schatten seiner selbst war. Aber als wir mit ihm fertig waren, sah er genauso aus wie Rodolfo Valentino in *Der Sohn des Scheichs*. Oben im Himmel würde Signora Pucillo Wachs in seinen Händen sein.

Erschöpft fiel ich am frühen Montagmorgen in mein Bett und hoffte, etwas länger schlafen zu können als sonst, aber um acht klingelte das Telefon beharrlich, und ich musste abnehmen.

»Freda, er betrügt mich«, kreischte Tante Ninfa mir ins Ohr.

»Nein!«, brüllte ich zurück, über das Dröhnen des Verkehrslärms im Hintergrund.

»Wie lange wollen Sie denn noch da drinnen bleiben?«, rief jemand anders. »Ich muss einen Arzt rufen.«

Man hörte ein Handgemenge, und dann kam Tante Ninfa keuchend wieder in die Leitung.
»Er ist zur Beichte gegangen«, brüllte sie. »Dieser Mann ist seit fünfundzwanzig Jahren nicht zur Beichte gegangen. Warum sollte er jetzt zur Beichte gehen, wenn er nichts zu beichten hätte, Freda, hm? Sag mir das, warum?«
»Ich weiß es nicht«, sagte ich, »aber es muss nicht heißen, dass er dich betrügt. Vermutlich gibt es irgendeinen anderen Grund. Hast du mit ihm darüber gesprochen?«
In diesem Augenblick brach der Tumult von neuem aus. Man hörte ein Kreischen, vielleicht einen Austausch von Schlägen, ein lautes Knallen, und dann war die Leitung tot. Ich erfuhr nie, was genau passiert war, aber wenig später ließen sich mein Onkel und meine Tante ein Telefon in ihre Wohnung legen.
Ich war mir ziemlich sicher, dass Tante Ninfa sich täuschte. Ich wusste zwar, dass mein Onkel sie mitunter aufreibend fand, aber ich konnte ihn mir beim besten Willen nicht als Liebhaber von jemand anders vorstellen. Ich versuchte mir auszumalen, wie er im Kerzenschimmer eines Restaurants mit den fallenden Locken einer anderen Frau spielte; wie die beiden Hand in Hand durch die Gärten der Villa Borghese spazierten; wie er sich seine ausgebeulte Unterhose vom Leib riss und für eine Nacht voller Leidenschaft in ihr Bett sprang. Es half nichts. Es klappte nicht. Onkel Birillo war einfach nicht der Typ für eine Geliebte.
So unterhaltsam diese Gedanken auch waren, durfte ich darüber doch meinen Pierino nicht vergessen. Ich zog mich in aller Eile an und stürmte zu den Druckern in der Via Santa Anna. Dort verfasste ich einen Text und ließ ihn in fünfzigfacher Ausfertigung drucken. Ich bot eine großzügige Belohnung für die unversehrte Rückkehr meines

Papageis. Augenblicklich erklärten mir der Assistent des Druckers und fünf der sieben Kunden, genau so einen Vogel hätten sie gefunden, aber ich blieb skeptisch. Ich musste vor Betrügern auf der Hut sein.

Dann, ausgestattet mit einer Rolle Klebeband, schlenderte ich durch die Nachbarschaft und heftete meine Aushänge an Statuen, parkende Autos, Laternenpfähle, Bäume und Wände.

»Sieh mal, für die Rückkehr ihres Ehemanns bietet sie keine Belohnung.« Ich hörte eine Stimme und ein Kichern hinter mir.

»Ich habe gesehen, wie sie ihn mitgenommen haben, wissen Sie.« Es war der Schlachter, Carlo Martello. Ich gesellte mich zu der Menge, die sich rasch um ihn versammelte, und drängelte mich mit den Ellbogen bis nach vorn durch.

»Ja, Signora Lippi«, fuhr er fort, wobei er mit einer riesigen Scheibe Kutteln in seinen Händen jonglierte, »ich habe alles gesehen. Es waren sieben, nein, acht Attentäter. Ich habe getan, was ich konnte, um ihn zu retten, aber sie hatten Gewehre, große Gewehre, Maschinengewehre, um genau zu sein. Nie werde ich seinen Gesichtsausdruck vergessen, als sie ihn hinten in den Lieferwagen zerrten und davonfuhren. Bis an mein Lebensende werde ich alles vor mir sehen …«

»Das ist doch Blödsinn«, unterbrach ihn Giangiacomo Campobasso, der Friseur. »Gar nichts hast du gesehen. Ich habe alles gesehen. Sie waren nur zu zweit. Beide als Harlekine verkleidet. Sie hatten keine Maschinengewehre. Einer von ihnen hatte eine Pistole, die er Signor Lippi an den Hinterkopf hielt. Er wurde in den Kofferraum einer dunkelblauen Limousine gezwungen, die von einer blonden

Frau gelenkt wurde, deren Haarwurzeln dringend einer Behandlung bedurften …«

»Redet doch kein Blech, ihr beiden«, schaltete sich Manilia Pietrapertosa ein, die puppengroße Frau, die in den letzten sechzig Jahren den Zitronenstand geführt hatte. »In einem Hubschrauber haben sie ihn weggebracht.«

»Einem Heißluftballon«, brüllte Fausto Pazzi.

»Gorillaanzüge. Sie trugen Gorillaanzüge«, schrie Bernedetta Sorbolito.

»Hubschrauber. Harlekine. Gorillas. Und wie viele davon seht ihr hier?«, fragte Crispino Mongillo, der versuchte, wieder etwas Verstand in die Runde zu bringen. Aber ich hatte mich bereits entfernt.

Während ich noch immer meine Aushänge anbrachte, behaupteten dreiundfünfzig Leute, darunter zwei Paar eineiige Zwillinge, drei Nonnen, ein Geiger, vier Blinde, siebzehn deutsche Touristen und eine Frau mit einem buschigen Bart und einem ebensolchen Hund allesamt, Pierino gefunden zu haben. Besitzer von Zoos und Tierhandlungen würden auf der Hut sein müssen.

Völlig unbeabsichtigt fand ich mich auf einmal in der Via di Campo Marzio wieder, wo Albertos Mutter in einer Wohnung über den Kirchenausstattern lebte und über seiner Schwester Nunziata und ihren Kindern, augenblicklich sechs an der Zahl. Was für starke Gene waren in dieser Familie am Werk. Alle klein, dick und erschreckend ähnlich. Ich entbot der Heiligen Jungfrau meinen tief empfundenen Dank dafür, dass ich erfolgreich vermieden hatte, was eine unbefleckte Empfängnis gewesen wäre, und schlich auf Zehenspitzen an Nunziatas Wohnung vorbei. Ich konnte es nicht ertragen, ihr oder ihrer Brut zu begegnen. Von drinnen drangen Geräusche eines Getümmels: Heulen und Schreien, zerreißender Stoff, zerbrechendes Glas, Kreischen, Singen, Lachen und Krakeelen.

Im Gegensatz dazu herrschte im Stockwerk darüber eine unheimliche Stille. Als ich Albertos Mutter dort sitzen sah, reglos wie eine Fotografie ihrer selbst, die Hände im Schoß gefaltet, wurde mir die Realität seines Verschwindens zum ersten Mal bewusst. Es hätte er selbst sein können, der dort saß, mit der weißen Spitzenhaube auf dem Kopf und den schweren Kristallohrringen, die die Löcher in ihren Ohrläppchen verzerrten.

Im Zimmer roch es nach ihrem hohen Alter und Verbitterung; Verfall, vermischt mit etwas unspezifisch Unangenehmem. Auch dieser Geruch war Alberto zu einem gewissen Grad zu Eigen.

Auf jeder Oberfläche lagen Spitzendeckchen und jede Menge Korbflechtarbeiten, geflochten von den Insassen des *manicomio* San Cataldo. Auf vereinzelten Tischen standen kleine Schachteln mit Miniaturkarotten aus *pasta reale*. Ich erinnerte mich an sie von meinem ersten Besuch in dieser Wohnung vor drei Jahren, als Signora Lippi Alberto beschwor, mich nicht zu heiraten. Fotografien von ihm und Nunziata und den Enkelkindern in unterschiedlichen Entwicklungsstadien starrten mich von überallher an.

Sie erkannte mich wieder, das wusste ich. In dem Bruchteil einer Sekunde, in dem ich die Tür öffnete, hatte sie die Augen, Albertos Augen, auf mich gerichtet. Aber jetzt tat sie, als wüsste sie nicht, wer ich sei.

»Wie geht es Ihnen, Signora Lippi?«, fragte ich sie und küsste sie auf beide pausbäckigen Wangen. Ihr Fleisch war kalt und hart wie Wachs.

Ich hatte sie noch nie weniger förmlich als mit Signora Lippi ansprechen können.

»Signora Lippi, fassen Sie sich«, fuhr ich fort, obwohl sie keinerlei Reaktion gezeigt hatte. »Ich habe schlimme Nachrichten. Die schlimmstmögliche Nachricht, um genau zu sein, was Alberto betrifft.«

Sie sagte nichts, obwohl ich wusste, dass sie meine Worte abwägte. Ihr Gehör war vollkommen in Ordnung. Man wusste, dass sie die Nachbarn am anderen Ende der Straße belauschte.

»Er ist mitgenommen worden. Verschleppt. Verschwunden.«

Ihre Augen zuckten nicht einmal.

»Ja«, fuhr ich fort, »am Samstag, bevor er im Berenice auftreten sollte. Die Polizei hat wenig Hoffnung, ihn lebend zu finden.«

Ich stammelte weiter, ergänzte die Details, obwohl sie nichts tat, um mich zum Reden zu ermuntern. So war es jedes Mal. In ihrer Nähe wurde ich von dem Drang erfüllt, alle Zwischenräume auszufüllen, keine Lücken zu lassen, in denen Unangenehmes eitern konnte.

Schließlich wusste ich nichts mehr zu sagen; ich war wie ein Aufziehspielzeug, das abgelaufen war. Für einen Augenblick oder zwei herrschte ein Vakuum. Dann zuckten ihre dicken Lippen. Würde sie sprechen? Ich steckte all meine Kraft in meine Ohren. Was würde sie sagen?

»Erbsen. Frische Erbsen.«

»Erbsen?«

Dann verfiel sie wieder in Schweigen. Als offensichtlich wurde, dass es nichts weiter zu sagen gab, verließ ich die Wohnung. Ich wollte keinen aus dem Lippi-Clan je wieder sehen.

Drei

Ich sprang auf einen vorbeifahrenden Bus. Es war mir gleich, wohin er fuhr. Der Fahrer starrte mich an, als würde er mich von irgendwoher kennen, aber ich konnte ihn nicht einordnen. Es war brechend voll, und ich wurde zwischen zwei überhitzten Körpern zusammengequetscht. Ich wand mich ein Stück weiter, um dem heißen Atem in meinem Nacken zu entkommen, aber dann spürte ich irgendjemanden gegen mein Gesäß streichen. Ich sah mich wütend nach dem Täter um, aber es hätte jeder aus einer Reihe von Leuten sein können. Ein Mann, der eine Kiste Tomaten umklammert hielt, zwinkerte unentwegt, aber ich glaube, er litt lediglich an einer schlimmen Bindehautentzündung. An der nächsten Haltestelle stieg ich aus, wobei ich mir fest vornahm, nie wieder einen Bus zu benutzen. Ich stand vor einer Zweigstelle der Banca di Roma und dachte, ich könnte schon einmal die Belohnung abheben, die ich für Pierinos Rückkehr bot.

»Der kleine dicke Mann ist auf der Flucht«, sagte ein Mann zwei Leute vor mir in der Schlange zu niemand Bestimmtem. »Der kleine dicke Mann ist auf der Flucht«, wiederholte er laut.

»Er soll sich bereits einer plastischen Operation unterzogen haben«, sagte seine Nachbarin, eine Frau mit einer prächtigen behaarten Warze auf einer Wange.

»Ja, ich habe ihn gesehen«, sagte ein Wachmann. »Er hat sich dehnen lassen und ist jetzt doppelt so groß wie früher.«
»Die Polizei sucht nach einem langen, dünnen Mann mit deutlichen Dehnungsstreifen.«
»Natürlich, die Bauchrednerpuppe ist in Wirklichkeit gar keine Bauchrednerpuppe.«
»Er ist ein von Interpol gesuchter Spion.«
Ich hörte halbherzig zu. Es war ein verblüffender Zufall. Die Person, von der sie sprachen, hätte fast Alberto sein können. Aber natürlich war er es nicht. Alberto wurde nicht von der Polizei gesucht. Er war mit Sicherheit nicht auf der Flucht. Und natürlich war Malco eine Bauchrednerpuppe – er lebte in einem Koffer unter meinem Bett –, ich musste es schließlich wissen.
Während die Leute vor mir nach und nach bedient wurden, erreichte ich langsam die Spitze der Schlange.
»Ich würde gern etwas Geld abheben«, sagte ich zu der Kassiererin und reichte ihr einen Scheck. Sie warf einen Blick auf meinen Namen und sog die Lippen ein. Dann drückte sie panisch auf den Alarmknopf unter ihrem Schalter.
Der Filialleiter kam vor bis an die kugelsichere Scheibe, und er und die Kassiererin flüsterten sich irgendetwas zu. Dann packte mich der Wachmann beim Arm, und ich wurde in ein Büro gezerrt, in dem wenig später der Filialleiter auftauchte. Mehrere Mitglieder der Belegschaft zwängten sich hinter ihm herein, zusammen mit einigen der Kunden, einem Zeitungsverkäufer und einem Mann mit einem Tablett voll Kaffeetassen. Sie standen in einer Reihe da und sahen mich an, als sei ich ein Ausstellungsstück.
»Was ist denn los?«, wollte ich wissen.

»Signora Lippi, Ihnen muss bewusst sein, dass sich Ihr Ehemann mit mehreren Millionen Schulden gegenüber der Bank abgesetzt hat?«

»Unsinn«, fauchte ich, »Alberto Lippi (ich konnte es nicht über mich bringen, von ihm als ›mein Ehemann‹ zu sprechen) ist entführt worden. Wie kann er Ihnen denn mehrere Millionen schulden?«

»Die Angelegenheit liegt in den Händen der Polizei. Wenn Sie ihn decken, können Sie damit rechnen, die Konsequenzen tragen zu müssen. Ihr Bankkonto ist gesperrt worden.«

»Brini«, wandte er sich an den Wachmann, »bitte begleiten Sie Signora Lippi aus den Geschäftsräumen. Ich werde unmittelbar hinter Ihnen sein, und ich kann Ihnen versichern, wenn es irgendwelchen Ärger gibt, wird die Polizei verständigt werden.«

»Augenblick –«, stieß ich hervor, aber es war zwecklos. Der Wachmann packte mich zum zweiten Mal beim Arm, und ich wurde in scharfem Tempo wie eine gewöhnliche Kriminelle aus dem Gebäude geworfen, bevor ich irgendetwas sagen oder tun konnte.

Ich zitterte vor Wut und Beschämung, und ich musste mich auf eine Bank setzen, um mich zu beruhigen. Alberto auf der Flucht vor einem Haufen Schulden? Ich konnte es einfach nicht glauben. Der Commissario sagte, Alberto sei verschleppt worden. Warum sollte er das sagen, wenn es nicht stimmte? Jetzt war mein Bankkonto gesperrt worden. Meines! Und ich hatte nur noch ein paar Münzen in meinem Portmonee. Wie sollte ich die Belohnung für Pierino bezahlen? Die Leute sind so unbarmherzig. Ich mochte mir gar nicht vorstellen, was mit Pierino geschehen würde, wenn ich nicht bezahlen konnte. Obwohl ich mir noch nie

im Leben auch nur einen Cent geborgt hatte, würde ich Signora Dorotea um einen Kredit bitten müssen.
Ich wusste einfach nicht mehr, was ich denken sollte. Zugegebenermaßen kannte ich Alberto, obwohl ich seit drei Jahren mit ihm verheiratet war, nicht sehr gut. Waren er und dieser Bandit ein und derselbe?
Ich ging zu Fuß los. Ich fand, ich sollte kein Geld für ein Taxi verschwenden; außerdem hatte ich ohnehin nicht genügend Bargeld, um eines zu bezahlen. Während ich ging, dachte ich über alles nach. Ich forschte in der Vergangenheit nach Hinweisen, Zeichen, irgendwelchen Spuren, dass Alberto ein Doppelleben geführt hatte. Obwohl mir nichts Verdächtiges einfiel, musste ich zu dem Schluss kommen, dass alles möglich war. In jenen Monaten, in denen ich ihn auf See glaubte, hätte er alle möglichen Schurkereien ausführen können. Nur die Puppe würde es mit Bestimmtheit wissen, aber ich war mir sicher, dass sie mir nichts sagen würde.
Als ich in die Via dei Cappellari einbog, sah ich zu meinem Entsetzen eine lange Schlange vor meinem Gebäude warten, die sich einmal um den Block wand. Ein paar Polizisten sorgten für Ordnung, und ein findiger Mensch verkaufte Eis und kalte Getränke. Als ich mich näherte, erkannte ich Cremoso, Fiammas Verehrer vor so vielen Jahren. Er schenkte mir sein strahlendes einzahniges Lächeln und bot mir eine Waffeltüte an, die ich ablehnte. Dann sah ich, dass die Leute in der Schlange Kartons, Käfige und Körbe in den Händen hielten. Mein Herz schlug einen Purzelbaum. Vielleicht hatte einer von ihnen Pierino gefunden.
Ich hatte meine Anschrift nicht auf das Flugblatt geschrieben, absichtlich nicht, in Anbetracht der zahllosen Per-

versen, die in der Stadt frei herumliefen, aber irgendwie hatten diese Leute mich trotzdem aufgespürt. Ich begann mit dem ersten Mann, der geduldig auf der obersten Stufe wartete, neben einem riesigen, von einem gemusterten Tuch verhüllten Käfig.

»Haben Sie meinen Papagei gefunden?«, fragte ich ihn.

»Kommt drauf an, wie viel Sie für ihn zu zahlen bereit sind«, kam seine Antwort.

»Ich werde zahlen, was angemessen ist«, sagte ich. »Zeigen Sie mir zuerst den Vogel.«

Behutsam zog er das Tuch zurück. Zuerst konnte ich gar nichts sehen. Mit Sicherheit keine leuchtend blauen Federn. Allerdings lag da irgendetwas auf dem Boden des Käfigs. War mein Pierino krank? Verletzt? Ich beugte mich hinunter und spähte hinein, aber es war nicht mein Papagei. Es war ein kleines Nagetier.

»Soll das ein Witz sein?«, fragte ich. »Ich habe nach einem Papagei gesucht, nicht nach einer Ratte.«

»Das ist keine Ratte«, empörte sich der Mann. »Das ist ein Hamster. Und er kann sprechen. Komm schon, Nino, sag etwas.«

»Das werde ich nicht tun«, sagte der Hamster schelmisch. Er hatte eine tiefe Stimme, ganz anders als die Piepsstimme, die man vielleicht erwartet hätte.

»Seht euch das an«, sagte der zweite Mann in der Schlange, »ein sprechender Hamster; wer hätte das gedacht, hm? Wie viel wollen Sie für ihn?«

»Fünfzig.«

»Ich gebe Ihnen dreißig.«

»Dann vierzig.«

»Einverstanden.«

Mit einem Mal kam ich mir überflüssig vor. Ich ging an der

Schlange entlang und suchte nach Leuten mit Vogelkäfigen.
»Hat hier irgendjemand einen Papagei?«, fragte ich laut. »Einen echten Papagei, Farbe blau, hört auf den Namen Pierino.«
Ein Chor von Stimmen antwortete mir, aber meine Hoffnungen waren nicht allzu hoch. Nachdem ich den Inhalt etlicher Käfige, Schuhkartons, Eierschachteln, Marmeladengläser und Papiertüten gesichtet hatte, zählte ich elf Goldfische, sieben dressierte Kaninchen, einen Berberaffen, einen singenden Hundertfüßer, einen steppenden Frosch, vier Hunde mit unterschiedlichen Talenten, eine Ente und eine Schlange. Ein Papagei war nicht darunter.
Schließlich gab ich die Hoffnung auf. Es war offensichtlich, dass es ein Haufen kleiner Gauner war, die an schnelles Geld zu kommen hofften, indem sie die Missgeschicke anderer Leute ausnutzten. Ich ließ sie stehen und schloss mich in meiner Wohnung ein, von wo ich das Bellen und Quaken und Steppen immer noch hören konnte.

Vier

Zuallererst rief ich den Commissario an. Ich musste die Wahrheit über Alberto erfahren. War er verschleppt worden? Oder hatte er sich abgesetzt? War er ein Dieb? War ich übers Ohr gehauen und zum Narren gehalten worden? Während ich darauf wartete, dass der Commissario ans Telefon ging, spürte ich, wie mich ein heißes Zittern durchlief. Bald würde ich seine tiefe Stimme hören, die »Balbini« in mein Ohr hauchte. Nur dass ich sie nicht hörte. Nachdem es eine Ewigkeit geklingelt hatte, nahm sein Untergebener ab. Er erklärte mir, der Commissario hätte soeben seinen Dienst beendet, würde meinen Anruf aber morgen Früh erwidern. Morgen Früh? Ich warf einen Blick auf meine Armbanduhr und sah zu meinem Erstaunen, dass es bereits sieben war – wo war der ganze Tag geblieben?
Ich wusste, ohne die Antworten auf diese Fragen würde ich mich die ganze Nacht schweißgebadet im Bett herumwälzen. Entschlossen schritt ich ins Schlafzimmer, um die Puppe zu vernehmen, aber der Koffer war leer. Jetzt war sie auch noch verschwunden. Angenommen, sie war gar keine Puppe, sondern ein Zwerg, Albertos Komplize? Die Idee war lächerlich, aber es passierten ständig solche absurden Dinge, dass sie vielleicht gar nicht so aus der Luft gegriffen war. Als ich an all das dachte, was Malco zwischen mir und Alberto miterlebt hatte, wollte ich am liebsten im Boden

versinken. Er war von Anfang an als Dritter im Bunde dabei gewesen. Aber um genau zu sein, waren die beiden das Paar, und ich war der Außenseiter.

Ich musste mit jemandem reden, und so rief ich Signora Dorotea an.

»Freda, ich habe mir schon Sorgen um dich gemacht«, sagte sie. »Ich dachte, du würdest heute Nachmittag vorbeikommen. Ich hatte zwei Morde, einen Selbstmord, eine Enthauptung durch einen Betriebsunfall, einen Verkehrsunfall und sieben natürliche Todesfälle zu bewältigen.«

»Es tut mir Leid«, sagte ich. »Ich hatte einen völlig verrückten Tag«, und ich erklärte ihr alles, was sich zugetragen hatte.

»Es muss ein Irrtum sein«, sagte sie beschwichtigend. »Alberto ein Bankräuber! Niemals. Dazu ist er viel zu dumm. Und mach dir keine Sorgen wegen des Geldes. Hier liegt immer jede Menge für dich bereit; du musst es nur sagen.«

Nachdem ich mit Signora Dorotea gesprochen hatte, ging es mir schon etwas besser. Ich nehme an, im Laufe der Jahre war sie fast eine zweite Mutter für mich geworden.

Kurz darauf klingelte das Telefon. Ich zögerte, wer weiß, vielleicht war es ja wieder so ein Verrückter, der mir einen erfundenen Papagei andrehen wollte. Es fehlte mir fast, dass Signor Tontini mich anschrie, endlich ans Telefon zu gehen.

Als ich abnahm, war es Fiamma. »Du kommst zu einem libanesischen Kultur- und chinesischen Handelsabend. Ich habe den Wagen geschickt, um dich abholen zu lassen. Er wird in zehn Minuten da sein.«

»Oh nein, nicht heute Abend«, sagte ich. »Ein andermal gern …«, aber sie hatte bereits aufgelegt.

Es war nicht das erste Mal, dass ich zu einem von Fiammas offiziellen Empfängen eingeladen wurde. Im Allgemeinen waren sie entsetzlich langweilig. Ich glaube, sie tat es, um ihr schlechtes Gewissen zu beruhigen, weil sie mich nicht oft genug sah, aber natürlich hatte sie, wenn sie bei diesen Banketten den Vorsitz führte, ohnehin nie Zeit, mit mir zu sprechen.

Wenn Pesco bereits unterwegs war, dann musste ich wohl hingehen, obwohl es das Letzte war, wonach mir zumute war. Trotzdem, wenn sich die Gelegenheit bieten sollte, konnte ich versuchen, mich mit Fiamma über Alberto zu beratschlagen. Vielleicht konnte sie ihre Beziehungen zum Geheimdienst spielen lassen und herausfinden, was los war.

Bevor ich auch nur Zeit hatte, mir mit einem Kamm durchs Haar zu fahren, sah ich, wie sich die Limousine in meine Straße zwängte und vor dem Belbo Forno vorfuhr. Ich kämpfte mich durch die Menge draußen, der sich inzwischen eine Zigeunertruppe angeschlossen hatte, die einen leuchtend bunten Leguan und ein Ferkel anzubieten hatte. Fiamma und Polibio waren längst aus der Wohnung in der Via della Lupo ausgezogen. Jetzt bewohnten sie einen Palazzo in der Via del Corso, der zu Fiammas Job passte. Sie lebten im Schoße des Luxus zwischen Marmorfluren; in Prunkzimmern mit Fresken, Blattgold und riesigen Kronleuchtern; und natürlich mit einem Heer von guten Geistern, das ihnen zu jeder Stunde zu Diensten stand.

Pesco, dessen Mutter die üblichen Beschwerden mit ihren Hämorrhoiden hatte, setzte mich an dem Kiosk vor dem Palast ab, wo ich von einem Sicherheitsbeamten gefilzt wurde.

»Sie ist sauber«, sagte er in ein Walkie-Talkie, woraufhin ein

zerzaustes Dienstmädchen mit wildem Blick und einem Paar kräftiger Waden die große Haustür aufdrückte.
Der Erste, der mich begrüßte, war Polibio junior, inzwischen drei Jahre alt, der einen Zylinder und einen wallenden Umhang über seinem Pyjama trug. Obwohl ich eben erst angekommen war, war es sein größter Wunsch, mich verschwinden zu lassen, aber sein Zauberkasten für Einsteiger war der Herausforderung nicht gewachsen. Das Kind war seinem Vater erschreckend ähnlich und hatte neben seiner Liebe zu Zaubertricks und schlechten Scherzen auch noch eine wilde Gier nach Pickles geerbt.
Dann tauchte Polibio senior auf und reichte mir ein Glas seines Rumpunschs, aus dem der Dampf wie Rauch aufstieg. Ich hatte den Verdacht, dass es sich um einen seiner Streiche handelte, und suchte nach einem Ort, an dem ich ihn wegschütten konnte.
In dem prächtigen Empfangsraum stand, die Kunstgegenstände bewundernd, ein hoch gewachsener Mann, der mir den Rücken zugewandt hatte. Als er sich umdrehte, stand ich dem Commissario gegenüber. Mir stockte der Atem, und ich ließ mein Glas fallen, das auf dem Mosaikboden zersprang. Ein Teil des Inhalts landete auf meinem Fuß, und ich verspürte ein Brennen.
»Du meine Güte, Max, du hast sie ja ganz schön beeindruckt!«, rief Polibio, kniff mich in die Wange und bohrte dann einen Finger in mein Ohr.
Max! Was für eine seltsame Geschichte lief hier eigentlich ab? Im nächsten Augenblick erschien das Dienstmädchen, reichte mir noch ein Glas des dampfenden Getränks und beseitigte dann alle Spuren dessen, das ich eben hatte fallen lassen.
»Freda Lippi, mein alter Freund Max Calderone; Max, Freda,

Freda, Max.« Polibio zwinkerte und knuffte seinen »Freund« mit Nachdruck in die Seite und zog sich dann geflissentlich aus dem Zimmer zurück, um uns beide allein zu lassen.
»Was ist los?«, flüsterte ich. »Was tun Sie denn hier? Wieso benutzen Sie einen Decknamen?«
Er legte einen Finger an die Lippen, um mich zum Schweigen aufzufordern, aber ich brauchte Antworten.
»Stimmt es, dass Alberto auf der Flucht vor dem Gesetz ist und der Bank Millionen schuldet?«
»Ist Ihnen bewusst, dass Ihr Schuh schmilzt?«, entgegnete er, und es stimmte, das Lackleder rollte sich ein und war im Begriff, einen qualvollen Tod zu sterben.
Fiamma platzte herein, zwischen dringenden Telefongesprächen, um mich zu begrüßen.
»Max, wie schön, dich wieder mal zu sehen. Es ist lange her.« Sie küsste ihn auf beide Wangen. Sie spielte ihre Rolle gut. »Fredina – passend für eine Beerdigung angezogen, wie ich sehe. Wir warten noch auf ein paar Gäste. Der Ministerpräsident ist verhindert, aber der libanesische Kulturattaché und die chinesische Handelsdelegation werden in Kürze eintreffen.«
Im nächsten Augenblick kam Fiammas Sekretärin, um sie zu rufen, und sie eilte wieder hinaus.
»Stimmt das?«, zischelte ich dem Commissario zu. »Ich muss es wissen.«
Er zupfte an seinem Ohrläppchen und wies dann mit einer Handbewegung auf die offene Tür. Ich wusste nicht, was los war, aber allmählich reichte es mir. Warum wollte er mir nicht antworten?
»Wird die Bauchrednerpuppe von Interpol gesucht?«, beharrte ich.
»Entzückendes Zimmer«, sagte er und nahm sich ein Glas

des giftigen Punschs. Ohne zu überlegen, goss ich meinen in den Topf mit dem gewaltigen Gummibaum, der sich seit fünf Generationen im Besitz von Polibios Familie befand. Das war ein großer Fehler. Die Erde zischte und brodelte, und voller Entsetzen sah ich zu, wie die untersten Blätter bereits zu welken begannen; dann tat die nächsthöhere Schicht dasselbe. Die Vergiftung breitete sich in Windeseile durch den Stamm und die Zweige aus. Binnen Sekunden blieben nur noch ein rauchendes Skelett und ein Haufen toter Blätter zurück.
Der Commissario wies mit einem Kopfnicken auf die langen Damastvorhänge, die die Fenster umrahmten, und gemeinsam zerrten wir den massiven Topf an eine Stelle, an der er vor Blicken verborgen war. Auf allen vieren sammelten wir die abgefallenen Blätter ein. Sie lagen zu hunderten herum, und sie waren so heiß, dass ich mir die Hände verbrannte. In diesem Augenblick hörte man ein quietschendes Gefährt, Schritte und ein unverständliches Geplapper im Foyer. Die Lichtgestalten waren im Anmarsch.
Ich öffnete meine Handtasche, und hektisch stopften wir die Blätter hinein. Zum Glück hatte ich die große mit den fünfzehn Fächern mitgenommen (»für die Frau, die gern organisiert ist«, wie es in der Werbung hieß). Ich hatte sie noch nie gemocht. Wir standen eben vom Boden auf, als Polibio auf seinem Einrad ins Zimmer radelte. Hinter ihm folgten die ausländischen Würdenträger, die Simultandolmetscher und die höheren Beamten.
»Hallo, hallo«, sagte er, stieg ab und reichte das Rad dem Dienstmädchen. »So schnell schon am Werk? Nun, meine Herren, hier ist dieser Kartentrick, den ich Ihnen versprochen habe …«
Polibio war ein Possenreißer. Schon jetzt hatte ich ein

weitaus weniger schlechtes Gewissen wegen des Gummibaums.

Später hörte ich ihn zu Fiamma sagen:

»Sie waren auf dem Boden, wenn ich es dir doch sage.«

»Psst, sie werden dich noch hören.«

»Deine Schwester kommt schnell zur Sache; da gibt es keinen Zweifel. Sie war auf ihm. Wenn ich nicht in dem Augenblick ins Zimmer gekommen wäre …«

Beim Abendessen wurde ich zwischen zwei der chinesischen Geschäftsleute platziert. Es gab nicht genügend Dolmetscher für alle, und so lächelten und nickten wir viel. Ich versuchte mimisch zu erklären, womit ich meinen Lebensunterhalt verdiente, aber ich glaube nicht, dass sie mich verstanden. Derjenige zu meiner Linken errichtete ein kunstvolles Gebilde aus Früchten und stieß dann mit einem Messer hinein. Der andere kniff die Lippen zusammen und gab eine reiche Vielfalt an Tierlauten von sich. Es war faszinierend.

Mir gegenüber, auf der anderen Seite des breiten Tischs, saß der Commissario. Die ganze Zeit über konnte ich seine dunklen Augen auf mir spüren. Anfangs fragte ich mich, ob der Grund dafür vielleicht war, dass ich mich mit Tomatensauce bekleckert hatte, aber als ich an mir hinuntersah, konnte ich keine entdecken. Allmählich spürte ich, wie ich warm und klebrig wurde, und ich war froh, als der Zwischengang serviert wurde – ein erfrischendes Birnensorbet, in kleinen Schälchen aus Eis angerichtet.

In dem Moment fiel mir auf, dass aus meiner Handtasche Rauchschwaden stiegen: Die Blätter schwelten noch immer. Ich goss einen Krug Wasser hinein und ließ die Schnalle einrasten. In der Annahme, dass es sich um einen einheimischen Brauch handelte, öffneten die chinesischen

Geschäftsleute ihre Aktentaschen und füllten sie mit Wasser. Dann nickten und lächelten wir wieder.
Bald spürte ich, wie meine Beine unter dem Tisch gestreichelt wurden. Eine hauchzarte Berührung, die an den Innenseiten meiner Waden nach oben glitt. Ich fragte mich, ob es Polibio war, der mir einen Streich spielte, aber er saß weit entfernt am anderen Ende des langen Tischs. Ich begann, mich auf meinem Platz zu winden, und ich spürte, wie ich von innen heiß und feucht wurde. Meine Nachbarn folgten meinem Beispiel und begannen sich gleichfalls zu krümmen. Mir gegenüber wandte der Commissario den Blick nicht von mir ab, und der Anflug eines Lächelns umspielte seine Lippen.
In Anbetracht dieser Umstände achtete ich kaum auf die Reden, die eine Stunde lang auf Arabisch und Mandarin gehalten wurden, und bald danach begann sich das Bankett aufzulösen. Fiamma war bereits an Bord eines Hubschraubers auf dem Weg nach Brüssel, sodass ich das Thema Alberto nicht anschneiden konnte. Ebenso wenig hatte ich Gelegenheit, noch einmal mit dem Commissario zu sprechen, denn bis ich das umständliche Abschiedsritual mit meinen Geschäftsleuten hinter mich gebracht hatte, war er verschwunden. Tintiges Wasser troff aus ihren Aktentaschen, als sie sich wieder zu ihrer Delegation in den Reisebus gesellten, und ich stieg in die wartende Limousine, um mich von Pesco nach Hause bringen zu lassen.
Gott sei Dank war der Karneval der Tiere weitergezogen, als Pesco mich schließlich absetzte. Im Hauseingang hing noch immer Rauch in der Luft, und das Gemeinschaftslicht funktionierte nicht. Allmählich graute mir jedes Mal, wenn ich nach Hause kam, vor dem, was ich finden würde. In tiefer Dunkelheit tastete ich mich die Treppe hoch.

Vor der Tür zu meiner Wohnung lauerte eine Gestalt. Ich erstarrte und unterdrückte einen Aufschrei. Wer war es? Was wollte er? Dann erhellte die Flamme eines Feuerzeugs das narbige Gesicht von Dario Mormile, dem Besitzer des Cabaret-Clubs Berenice.
»Freda«, zischte er aus einem Mundwinkel. »Mach kein Licht. Es könnte sein, dass man mich beobachtet.«
»Wer?«, flüsterte ich zurück.
»Stell mir keine Fragen. Ich weiß, dass du Geld brauchst. Nimm das hier.« Er drückte mir einen Haufen zusammengefalteter Geldscheine in die Hand. »Es ist schon gut; nimm es; sieh es als das an, was Alberto geschuldet wurde. Du suchst doch einen kleinen Nebenverdienst, stimmt's? Ich habe einen Job für dich. Garderobe. Im Club. Ohne Nebenbedingungen. Komm morgen vorbei. Sag niemandem etwas.«
Mit diesen Worten schlüpfte er die Treppe hinunter wie eine Schlange, flach gegen die Wand gedrückt.
Obwohl ich alle Fenster offen gelassen hatte, war Pierino noch immer nicht zurückgekehrt. Ich legte mich vollständig angezogen aufs Bett und zog mir die Decke über den Kopf. Ich wollte nur noch, dass der ganze Tag einfach verschwand.

Fünf

Auf dem Weg zur Arbeit am nächsten Morgen sah ich allen Ernstes Alberto ein Stück vor mir auf dem Gehsteig. Ich erkannte ihn augenblicklich. Wie jemanden, den ich vor langer Zeit in einem anderen Leben gekannt hatte. Schon jetzt trennte uns ein Abgrund. Obwohl es erst drei Tage her war, schien er kleiner und dicker, als ich ihn in Erinnerung hatte. Er trug den Anzug aus Goldlamé, der aus seinem Kleiderschrank verschwunden war, und seltsamerweise hatte er das Toupet auf dem Kopf, obwohl ich mir sicher war, dass es noch immer in der Wohnung lag. Wie hatte ich ihn bloß heiraten können?, fragte ich mich entgeistert. Wie hatte ich in einem Bett mit ihm schlafen können? Wie hatte ich (wenn auch nur ein- oder zweimal) diese Dinge erdulden können, die niemals hätten passieren dürfen?
Offensichtlich war er nicht in den Klauen der Mafia. War er also ein Bankräuber? Ich musste es wissen. Ich fing an zu laufen, wobei ich mich zwischen den frühmorgendlichen Reihen von Priesteranwärtern, Nonnen, Gemüseverkäufern, Büroangestellten, Friseuren und Akrobaten hindurchschlängelte. Was, wenn er mir anbot, zurückzukommen? Was dann? Ich verlangsamte mein Tempo für einen Augenblick, während ich mir diesen Gedanken durch den Kopf gehen ließ. Aber dann legte ich wieder einen Gang zu. Es war die ideale Gelegenheit, um ihm zu sagen, dass ich die Scheidung wollte.

Ich holte ihn ein und streckte die Hand nach ihm aus, hielt ihn hinten an seinem Kostüm fest. Es riss. Als er sich umwandte, war es gar nicht Alberto. Es war ein völlig anderer Mann, und er war wütend, dass ich den Einsatzstreifen seines Jacketts in meiner Hand hielt.
»Überfall!«, schrie er. »Hilfe! Polizei! Mord!«
Eine Menschenmenge versammelte sich rasch um uns.
»Es tut mir Leid«, rief ich. »Ich habe Sie mit jemandem verwechselt. Nehmen Sie das hier –« Ich streckte ihm, zusammen mit dem Teil seines Jacketts, einen der Geldscheine hin, die Dario mir gegeben hatte. »Das dürfte die Reparaturkosten decken.«
Aber der Mann brüllte weiter: »Tätliche Bedrohung! Gewaltsamer Übergriff! Schwere Körperverletzung!«
Wieder mal typisch, ich musste natürlich einem Verrückten in die Arme laufen.
Dann begannen die anderen in der Menge zu brüllen:
»Sie können mein Jackett für dreißig zerreißen.«
»Fünfundzwanzig.«
»Zwanzig, und ich gebe Ihnen die Krawatte umsonst dazu.«
Ich rannte über die Via del Pellegrino davon, mit rasendem Puls. Ich war der Wahrheit kein Stück näher gekommen, und der heutige Tag schien ebenso verrückt zu werden wie der gestrige. Als ich in die Via Sora stolperte, hörte ich ein Flügelschlagen. Kein x-beliebiges Flügelschlagen. Ein eindeutiges Flügelschlagen, das ich augenblicklich erkannte. Ich sah mich um, und natürlich, da saß Pierino, genau über mir, und krallte sich an einer steinernen Muschel an der Seite des Gebäudes fest. Mein Herz jubelte. Wenn ich ihn bloß einfangen könnte.
»Pierino!«, kreischte ich, »komm her, komm schon, komm zu Mamma.« Er sah mich an, blinzelte und flatterte gemäch-

lich davon in Richtung des Palazzo del Governo. Ich rannte ihm nach, wobei ich mich zwischen Autos, Mopeds, Bussen und Ponykutschen, die nach frühen Touristen Ausschau hielten, hindurchschlängelte. Es wurde reichlich geflucht, gestikuliert und gehupt. Ich ignorierte es. Mein einziger Gedanke war, meinen Pierino wiederzubekommen.

Er flatterte in gleichmäßigem Tempo weiter, wobei er sich immer wieder umsah, um sich zu vergewissern, dass ich noch da war. So ging es die Via di Parione hoch und dann weiter in Richtung Norden. Dann, in der Via della Pace, schoss er auf einmal auf das Geländer eines Balkons hinunter und begann, sich systematisch das Gefieder zu putzen.

Ich rief und rief, streckte die Arme nach ihm aus und erzeugte mit meinen Lippen die lockenden und lutschenden Geräusche, von denen ich wusste, dass er sie mehr als alle anderen liebte. Obwohl ich sehen konnte, dass ihm meine Darbietung gefiel, wollte er noch immer nicht zu mir kommen. Er ließ einen riesigen Haufen fallen, der neben meinen Füßen auf den Gehsteig platschte, und duckte sich dann durch das offene Fenster.

Ich wählte die untere Klingel neben der Haustür und drückte sie fest, dann trat ich einen Schritt zurück und überlegte mir, was ich sagen würde. Nach einer Weile ging die Tür auf, und eine kleine alte Frau tauchte auf, deren Kopf spärlich mit Haar ausgestattet war. Sie schien verärgert.

»Was wollen Sie?«, herrschte sie mich an. »Ich will keine Rosenkränze, Lotterielose, Glücksbringer, Liebeselixiere oder Marshmallows, das will ich Ihnen gleich sagen …«

»Ich bin von der ornithologischen Gesellschaft«, log ich, zückte meinen Bibliotheksausweis und steckte ihn schnell wieder ein, bevor sie ihn unter die Lupe nehmen konnte. »Ein seltener Papagei ist soeben in dieses Gebäude gelangt, und im Rahmen der Befugnisse, mit denen ich von Staats wegen ausgestattet bin, bin ich verpflichtet, seine Spur aufzunehmen.«

Ich drängte mich an ihr vorbei und rannte die Treppe hoch. Auf dem oberen Treppenabsatz war eine Tür, und ich hämmerte dagegen. Schließlich ging sie einen Spaltbreit auf, und eine Nase wurde vorgestreckt. Ich stürmte hinein. Die Nase gehörte zu einer Frau, die jetzt flach gedrückt hinter der Tür stand. Sie schälte sich von der Wand wie eine Comicfigur und stand dann da und sah mich an. Sie sah durch und durch wie eine Bauchrednerpuppe aus. Sie hatte ein bemaltes Gesicht mit zwei Rougetupfern in der Mitte der Wangen, glänzendes, hölzernes Haar, unnatürlich rosa Gliedmaßen und eine steife Art zu gehen, als seien ihre Gelenke eingeklemmt.

»Was genau geht hier vor?«, herrschte ich sie an. »Sie haben meinen Papagei. Ich habe gesehen, wie er durchs Fenster reingeflogen ist. Wo ist er? Ich nehme ihn mit zurück.«

Ihr Kiefer klappte herunter und folgte den Furchen, die von ihrem Mund hinunter bis zu ihrem Kinn verliefen. Kein Laut kam hervor, aber sie klapperte auf eine hölzerne Weise den Flur hinunter und in das Zimmer dahinter. Ich folgte ihr.

»Hier ist kein Papagei«, sagte sie schließlich mit einer Bewegung ihrer quietschenden Arme. Diese Stimme hatte ich schon einmal gehört; ich wusste es. Ich hatte sie mitten in der Nacht gehört, in meinem eigenen Schlafzimmer. Es war eine der Stimmen, die einfältig mit Alberto plauderten, und sie ließ mich schaudern.

Ich untersuchte jeden Winkel des Zimmers. Sie hatte Recht. Von Pierino keine Spur. Ohne sie um Erlaubnis zu bitten, schlenderte ich durch die Wohnung, sah in Küchenschränke, unter Tische, auf Lampenschirme: es gab keinen

Hinweis, dass Pierino jemals hier gewesen war. Nicht eine Feder. Keinen Kot. Keine halb gekauten Früchte. Die Luft war reglos – ohne einen Hauch. Ich hätte schwören können, dass ich ihn hineinfliegen sah, aber ich musste mich getäuscht haben.

In einem Schlafzimmer fand ich ein aufgedunsenes Baby, das in einem Kinderbettchen schlief. Es war das Ebenbild des kleinen Alberto und des anderen Lippi-Nachwuchses. Dieses hier hatte außerdem wachsartige rote Wangen und, wie es aussah, aufgemaltes Haar.

»Ist das Albertos Kind?«, wollte ich wissen.

Sie schüttelte heftig den Kopf, und ihr Nacken erzeugte eine solch reiche Vielfalt an Quietschtönen, dass ich glaubte, die Ohren würden ihr gleich wegfliegen.

Aus dem Korridor rief eine Stimme. Es war die alte Frau aus dem Stockwerk darunter.

»Genoveffa«, begann sie.

Genoveffa, der Name traf einen Nerv bei mir. Viele Male hatte ich Alberto ihn im Dunkeln flüstern hören.

»Haben Sie hier irgendwelche Papageien? Wenn ja, dann müssen Sie sie den Behörden aushändigen. Es verstößt gegen den Mietvertrag, und wir wollen doch keine Untersuchung, oder?«

»Wenn Sie den Papagei verstecken«, fuhr ich sie auf dem Weg nach draußen an, »dann können Sie mit einer äußerst gründlichen Untersuchung seitens der Behörden rechnen. Man wird alles auf den Kopf stellen, glauben Sie mir.« Mit diesen Worten ging ich die Treppe hinunter und auf die Straße hinaus.

Seltsamerweise war der Kot, den Pierino auf den Gehsteig hatte fallen lassen, verschwunden, und ich begann mich zu fragen, ob ich allmählich verrückt wurde.

Sechs

Jener Tag in der Arbeit war denkwürdig, da uns ein Wunder geschah, und das geschah nicht oft. Als wir Mafalda Firpotto aus dem Kühlbereich holten und ihren welken Körper entblößten, sahen wir, dass ein feiner Teppich von Veilchen auf ihm wuchs. Signora Dorotea, die in den langen Jahren ihrer Laufbahn schon vieles gesehen hatte, riss die Arme in die Luft und rief:

»Es ist ein Wunder. Ein Wunder, Freda. Porzio, komm schnell. Calipso, komm und sieh dir das an.«

Signor Porzio kam herbeigeeilt und warf sich augenblicklich auf die Knie und begann, sich zu bekreuzigen. Hinter ihm stand Calipso Longo, die Empfangsdame, die zusammenbrach und mit Riechsalzen wieder zu sich gebracht werden musste.

»Bei der Gnade der Madonna«, gluckste sie. »Es ist wahrhaftig ein Wunder.«

Ich wusste nicht viel über Wunder, aber es war mit Sicherheit seltsam. Ich untersuchte Mafalda Firpotto eingehend und sah mit eigenen Augen die Veilchen, die aus ihrem Fleisch emporwuchsen. Sie bedeckten ihren Rumpf und schlängelten sich über Arme und Beine, bis sie sich schließlich an Händen und Füßen in aller Pracht entfalteten.

Signora Dorotea rief umgehend das Kloster Santa Fosca an, wo Mafalda Firpotto, eine Witwe, ihre letzten Jahre in Gebet und Betrachtung versunken in der Pflege der Schwestern verbracht hatte. Während Signora Dorotea noch sprach, drängelten sich die Schwestern bereits in ihren vorsintflutlichen Kleinbus, der von der Oberin, Schwester Prisca, gelenkt wurde, und preschten aus ihrem Kloster in der Vorstadt in Richtung Stadtzentrum.

Wir arbeiteten rasch, um Mafalda Firpotto in einem hübschen Mahagonisarg herzurichten, und beförderten sie dann in eine der Totenkapellen, wo die Stühle in ordentlichen Reihen aufgestellt wurden und leise Harfenmusik durch den Lautsprecher drang. Augenblicklich erfüllte die Luft der süße Geruch von Veilchen, über alle Maßen berauschend, und skeptisch, wie ich bin, konnte ich nicht umhin, ein gewisses Befremden zu empfinden.

Irgendwie hatte sich die Neuigkeit herumgesprochen, und im Nu hatte sich der Empfangsbereich mit Schaulustigen gefüllt. Die blutverschmierten Schlachter aus dem benachbarten Geschäft waren zusammen mit den Friseuren und den klatschnassen Kunden aus dem Salon auf der anderen Straßenseite herbeigeeilt. Ballerinas, Feuerwehrleute, Zoobesitzer, Melonenverkäufer, Rattenfänger, Schuljungen, Priester und Schneider drängelten sich hinter ihnen herein. Es gab sogar einen Jongleur und einen Clown aus dem Circo Ippolito, der in diesem Augenblick zufällig vorbeizog. Calipso Longo, die diesen Augenblick des Ruhms genoss, hielt die Menge hinter einem Absperrband in Schach und sorgte mit einem Lineal für Ordnung.

Als die Schwestern eintrafen, wurden sie in die Totenkapelle geführt, und augenblicklich warfen sie sich vor dem Sarg auf den Boden, priesen Mafalda Firpotto als Heilige, verkündeten das Phänomen der sprießenden Veilchen als Wunder und erhoben für ihr Kloster Anspruch auf den damit verbundenen Ruhm. Ihr Priester, Padre Bonifacio, hielt eine Stegreifmesse und dann eine Pressekonferenz für die vielen Journalisten und Fernsehteams ab, die sich im Personalraum versammelt hatten.

Unter ihnen erkannte ich meinen alten Freund, den Fotografen der *Monatsschrift der Leichenbestatter*, wir sollten auf der Titelseite der August-Ausgabe erscheinen. Und was noch aufregender war, Signora Dorotea und ich wurden sogar von Kanal Eins interviewt, und wir waren in einem Nachrichtenüberblick im Fernsehen zu sehen. Tante Ninfa war so erregt von meiner plötzlichen Berühmtheit, dass sie für die Nachbarn eine Party schmiss und eine Auswahl an *pizzette* besorgte und eine Flasche Wein köpfte. Obwohl unser Beitrag nach sieben Sekunden vorbei war und Signora Dorotea mit ihrer geschwätzigen Art natürlich den Großteil des Redens übernahm, sonnte sich Tante Ninfa danach noch eine Ewigkeit in dem Abglanz meines Ruhms und hatte zum ersten Mal, seit ihr der Verdacht hinsichtlich Birillos Untreue gekommen war, das Gefühl, hoch erhobenen Hauptes durch unser Viertel gehen zu können.

Um fünf stahl ich mich davon, da es unmöglich war, in dem Wirrwarr, den das Wunder ausgelöst hatte, irgendwelche Arbeit zu erledigen, und außerdem verlangte eine andere Angelegenheit nach meiner Aufmerksamkeit. Ich hatte die Idee, mich in die Gegend um den Bahnhof zu begeben, wo die unappetitlichsten Gestalten der Stadt herumlungerten. Dort traf man, wie weithin bekannt war, auf entflohene Strafgefangene, Totschläger, Piraten, streunende Meuchelmörder, Unterweltbanden, Söldner und natürlich die mitleidlosesten Mafiosi. Ich würde ein paar Fragen stellen – und sehen, was ich herausbekommen konnte.

Um mit meinem Leben weiterzukommen, musste ich

wissen, dass Alberto nicht zurückkommen würde. Wenn ich mir sicher sein konnte, dass er verschwunden war und vielleicht die Fundamente eines Parkhochhauses oder einer *autostrada* auf Pfeilern bildete, dann brauchte ich mir keine Sorgen mehr zu machen. Hieß das, dass ich herzlos war? Möglich. Aber wie Sie wissen, war es keine Liebesheirat gewesen, und ich wollte nicht für den Rest meines Lebens versuchen müssen, aus seinem Verschwinden schlau zu werden.

Auf der Piazza dei Cinquecento, vor dem *Dinosauro*, entdeckte ich ein unangenehmes Individuum mit einer eiternden Narbe auf der Wange und einer karierten Mütze, die ihn in meinen Augen als Mitglied einer Bande kennzeichnete.

Ich näherte mich ihm vorsichtig.

»Haben Sie den Bauchredner gesehen?«, begann ich.

Er verengte die Augen und stieß eine gemächliche Rauchwolke aus. »Ich habe einmal ein Puppentheater gesehen, als ich klein war. Warum?«

»Ich meine den kleinen dicken Mann. Wissen Sie irgendetwas?«

»Lassen Sie mich überlegen«, sagte er und zog einmal tief an seiner Zigarette. »Ist er so klein?« Und er deutete mit einer Hand die genaue Größe Albertos an.

»Ja!«

»Und ist er, sagen wir, so dick?« Er breitete die Hände aus und fuchtelte damit durch die Luft.

»Ja!«, sagte ich noch einmal. Endlich schien ich der Sache näher zu kommen. »Das stimmt.«

»Nie gesehen«, sagte er, und damit schlenderte er davon, wobei er mich beäugte wie ein Verrückter.

Ernüchtert ging ich weiter, auf der Suche nach jemandem, der gefährlich, aber zugleich vernünftig aussah. Es war nicht leicht – beides schien nicht miteinander vereinbar. Ich überging einen Mann, der von einem Schwarm Schmeißfliegen umgeben war, einen Akkordeonspieler mit einem boshaft aussehenden Affen und einen falschen Priester – einen von tausenden, die sich in der Stadt tummelten –, der eine Machete schwang. Schließlich trat ich auf einen Mann in einem dunklen Anzug mit einem Geigenkasten und Säbelbeinen zu.

»Ich suche Informationen über einen kleinen dicken Bauchredner namens Alberto Lippi«, sagte ich.

»Es tut mir Leid, ich bin schon verspätet zu einem Konzert«, entgegnete er und eilte weiter in Richtung Teatro dell'Opera.

»Können Sie mir irgendetwas über den kleinen dicken Mann sagen?«, fragte ich einen schmuddeligen Mann mit einem rotbraunen Hund.

»Ja«, sagte er. »Eine fliegende Untertasse hat ihn mitgenommen, und jetzt ist er der Anführer der Außerirdischen.«

Es war hoffnungslos, ich konnte nichts ausrichten. Es war wohl töricht von mir gewesen, es überhaupt zu versuchen. Nun denn, es war Zeit für mich, das Berenice anzusteuern, für meinen ersten Abend an der Garderobe. Wenn ich Augen und Ohren offen hielt, würde ich vielleicht etwas Brauchbares erfahren.

Sieben

Der Club Berenice befand sich in der Via Vittoria, eingezwängt zwischen dem Tierpräparator (zu meiner immensen Erleichterung gab es keine Papageien im Schaufenster) und dem Hersteller orthopädischer Korsetts (Zufriedenheit garantiert). Er befand sich in einem Keller, den man über schmale Stufen erreichte, über denen eine flackernde blaue Laterne hing. Die Luft davor roch nach einer öffentlichen Bedürfnisanstalt, der Gehsteig war mit Ekel erregenden Abfällen verschmiert, und in der Gosse lag ein Betrunkener, der zwischen Anfällen gequälten Stöhnens »Mona, Mona« seufzte.

Eine Reihe verklemmter, pickeliger Seminaristen hing vor dem Eingang herum und versuchte, den Mut aufzubringen hineinzugehen. Die Tür wurde von einem kolossalen Mann in einem zu knapp sitzenden Anzug versperrt. Sein Nacken war breiter als sein Kopf, und seine Unterlippe ragte hervor, als wollte sie nichts mit ihm zu tun haben.

»Ich habe einen Termin bei Signor Mormile«, sagte ich zu dem Koloss.

Der Klumpen, der seine Lippe war, verzog sich, um seine Billigung zum Ausdruck zu bringen, und er bewegte sich ein wenig, nur ein klein wenig, zur Seite. Ich musste mich durch die winzige Lücke zwängen, die entstanden war, wo er aufhörte und der Türrahmen begann, und sein Körper und meiner schienen sich in der Zeit, die es in Anspruch nahm, intim zu vereinigen.

Im »Vorraum« des Clubs, einem schmalen Korridor, war es dunkel und dreckig. Die Luft war schwer von schalem Zigarettenrauch, und ich erkannte den Ekel erregenden Geruch von verfaulendem Fleisch, der, wie ich vermutete, aus der Küche quoll. Meine Füße klebten am Boden, und die Sohlen wurden fast von meinen Schuhen gerissen, als ich zu gehen versuchte. Das war das dritte Paar, das ich in weniger als einer Woche ruiniert hatte. Die rote Velourstapete war arg verschlissen, und das Porträt der Gründerin des Clubs, der stämmigen Berenice, hing schief und war mit Bart, Schnurrbart und Brille verziert worden. Es war ein völlig anderes Etablissement als die, in denen Mamma früher aufgetreten war. Von drinnen erhob sich Musik, und ich schlüpfte durch einen Perlenvorhang in den »Salon«. Ein Scheinwerfer wurde gerade eingeschaltet und erhellte eine Gestalt in einem engen roten Kleid, die auf einer kleinen Bühne am anderen Ende des Raums stand. Auf den ersten Blick schien es eine Frau zu sein, aber eine mit dem Körper eines Manns. Ihre Schultern waren zu breit, ihr Nacken zu gedrungen und ihre Hände und Füße riesig. Beifall brauste auf, als sie als »Miss Olga Mollica« vorgestellt wurde.

Sie begann zu singen, »Sempre Tu«, und ich muss sagen, dass sie eine gute Stimme hatte, auch wenn sie durchaus tief war.

Ich stolperte durch den Raum und suchte nach Dario Mormile. Es war so dunkel, dass ich nur die glimmenden Enden zahlreicher Zigaretten erkennen konnte. Undeutlich nahm ich Gestalten wahr, die sich bewegten, und als sich meine Augen an die Dunkelheit gewöhnt hatten, sah ich, dass sie tanzten. Es musste ein Mangel an Frauen herrschen, denn die Paare, die zusammen tanzten, waren hauptsächlich Männer. Gestalten saßen an mehreren Tischen verstreut. Zwei Männer schienen sich zu streiten. Plötzlich blitzte die Klinge eines Messers auf, und einer der Männer rannte hinaus, ein Taschentuch gegen seine Wange gedrückt.

»Tanzen?«, sabberte eine Stimme in mein Ohr, aber glücklicherweise sackte der Besitzer der Stimme in einem Haufen zu meinen Füßen zusammen. Ich stieg über ihn hinweg und steuerte auf den Ausgang zu. Aber zu spät. Bevor ich die Flucht ergreifen konnte, sah ich Mormile auf mich zukommen.

»Ich denke, ich werde gehen«, sagte ich, um ein Lächeln bemüht.

Er trat näher. Allzu nah, und legte seine Hand auf meinen Nacken. Einen grässlichen Augenblick lang glaubte ich schon, er würde mich küssen.

»Ich brauche dich, Freda«, sagte er mit leiser Stimme. Ich spürte seinen Atem auf meinem Gesicht, er roch wie ein Turnschuh. »Ich kann auf niemanden mehr zählen. Sie verlassen mich alle. Hauen einfach ab. Die Ratten verlassen das sinkende Schiff. In guten Zeiten sind sie da, aber wenn die Zeiten schlecht sind, sind sie zur Tür hinaus. Aber du, Freda, du bist nicht wie die anderen Mädchen.« An dieser Stelle begann seine Hand, über meinen Nacken zu streichen und mit meinem Haar zu spielen. »Du willst Dario doch helfen, oder, Freda?«

Ich wollte nicht, aber ich wusste nicht, wie ich Nein sagen sollte. Es fiel mir schon immer schwer, Nein zu sagen.

»Wunderbar«, sagte er, mein momentanes Schweigen als Bestätigung deutend. »Hier, ich zeige dir, was du zu tun hast ...« Er nahm mich bei der Hand und führte mich zu einer schmuddeligen Nische am Ende des Korridors kurz vor dem Eingang. Sie war mit einer Stange mit Kleiderbügeln, einer künstlichen Geranie und einem Heft Tombolascheine ausgestattet.

Während er davonschlenderte, wobei er sich an seiner eigenen Velourstapete rieb (vielleicht war ja er allein für den Verschleiß verantwortlich), wandte er sich noch einmal um und rief zurück:

»Singst du, Freda?«

Ich schüttelte rasch den Kopf.

»Braves Mädchen«, sagte er mit einem Augenzwinkern.

Der Türsteher kam mit dem betrunkenen Tänzer an mir vorbei, den er wie ein Hühnchen am Nacken hielt und baumeln ließ. Ich stand verlegen in der Nische, versuchte, wegen des Gestanks nicht allzu tief zu atmen, und dachte, wie damals in meiner Hochzeitsnacht: »Was in aller Welt tue ich hier eigentlich?« Ein paar Gäste trudelten ein. Mechanisch nahm ich ihre Hüte entgegen und gab Scheine an sie aus. Als Onkel Birillo mit einer Dame in Rosa eintraf, erlitten wir beide den Schock unseres Lebens.

»Bürofeier«, sagte er rasch zur Erklärung und reichte mir seinen Filzhut.

»Soll ich die Stola und den Hut zusammen aufhängen?«, fragte ich wie eine echte Garderobenfrau.

»Oh, wir sind nicht zusammen«, erwiderte er in einem Ton, der entsetzt über meinen Irrtum klang. »Oh, nein, ich habe diese Dame noch nie gesehen«, und mit diesen Worten schnappte er sich seinen Schein und schritt allein in den Salon.

Armer Onkel Birillo. Er hatte immer so lange Arbeitstage. Selbst seine Abende musste er mit Kunden und Kollegen verbringen. Die Gas- und Ölgesellschaft Goloso schien ihn mit Leib und Seele zu besitzen.

Acht

»Wenn ich doch nur sicher sein könnte, dass Alberto tot ist«, vertraute ich Signora Dorotea am nächsten Morgen an, während ich eine Nase aus Wachs für Signora Agnello modellierte (ihre eigene war von einer Ziege gefressen worden, während sie im Sterben lag), »dann könnte ich mit meinem Leben endlich etwas anfangen. Dass ich es nicht weiß, das bringt mich noch um den Verstand.«

»Überlass das mir, Freda«, entgegnete sie mit einem Augenzwinkern. »Ich werde es in der Gilde bekannt geben und sehen, ob uns jemand helfen kann. Wer weiß? Einer der Amtsbrüder könnte ihn beerdigt haben.« Mit diesen Worten eilte sie in ihr Büro, setzte ihren Zwicker auf und schlug in dem geheiligten ledergebundenen Hauptbuch nach, das sie im Safe verschlossen aufbewahrte.

Die »Gilde« war der Geheimbund, den die Bestattungsunternehmer der Stadt gegründet hatten. Die Mitgliedschaft wurde streng überwacht und ausschließlich von einer Generation an die nächste weitergereicht. Signora Dorotea genoss in der Gilde natürlich hohes Ansehen, was auf ihrem beispiellosen Stammbaum in der Branche beruhte. Sie hatte im Laufe ihrer Zeit jedes Amt bekleidet, einschließlich das der Großmeisterin (zweimal), und sie nahm ihre Pflichten ernst und wohnte allen geheimen Sitzungen und Zusammenkünften bei, zu denen sie einen

blauen, mit Monden und Sternen bestickten Umhang und einen juwelenbesetzten Turban anlegte und eine Miniatur-Maurerkelle mit sich führte.
Sie verbrachte den größten Teil des Vormittags am Telefon, während ich die Nase fertig stellte und festklebte und anschließend Signora Agnellos Make-up und Frisur den letzten Schliff gab. Als wir von einem raschen Mittagessen bei Pirillo's (*penne alla carbonara, pollo in padella, fragole*) zurückkehrten, wartete eine Nachricht auf uns, deren Inhalt mir Signora Dorotea jubelnd verkündete:
»Die Buco-Zwillinge in Salario könnten ihn in ihrem Kühlraum haben. Sie beerdigen ihn um fünf, das heißt, wir haben keine Zeit zu verlieren.«
Wir schnappten uns unsere Handtaschen, rannten auf den Corso hinaus und winkten uns ein Taxi.
Unerklärlicherweise schien der Fahrer entschlossen, eine Stadtrundfahrt mit uns zu unternehmen. Er machte einen Abstecher am Trevibrunnen vorbei, und als er uns fragte, ob wir gern die Spanische Treppe sehen würden, nahm Signora Dorotea die kunstvoll gearbeitete Kelle aus ihrer Handtasche und schlug ihm damit fest auf den Kopf.
»Bringen Sie uns unverzüglich zur Via Ombrone«, zischte sie, »und keine Tricksereien mehr.«
Um vier Uhr siebenundzwanzig sprangen wir vor dem *portone*, der zu den Geschäftsräumen der Bucos führte, aus dem Taxi.
»Hör zu, Freda«, sagte Dorotea, während sie mich beim Arm nahm, »es gibt da eine Sache, auf die du gefasst sein musst, bevor wir hineingehen.« Sie hielt effekthascherisch inne, und ihre Augen weiteten sich. »Der Kopf fehlt.«
Es stimmt zwar, dass ich während unserer Ehe stets bemüht gewesen war, Albertos Körper so wenig Beachtung

wie möglich zu schenken, dennoch war ich voller Hoffnung, ihn eindeutig identifizieren zu können.
Wir gingen durch den Torweg und folgten einer kopfsteingepflasterten Gasse bis zu der Werkstatt am anderen Ende. Die Schutthaufen im Hof, Altmetall, zerbrochene Flaschen, alte Stiefel, vermodernde Säcke; der zerbeulte Leichenwagen, der von Flöhen geplagte Gaul mit der verblichenen schwarzen Feder, die noch immer in seiner Mähne steckte; die Kutsche mit der gebrochenen Achse; der erbärmliche Köter, der in einer Ecke angekettet war; die streunende Katze, die in den Trümmern nach Brocken stöberte: All das zeigte, dass zwischen diesem Unternehmen und dem Onoranze Funebri Pompi Welten lagen.
Als wir uns näherten, eilten uns die Zwillinge (die bis zu den buschigen schwarzen Bärten, den vorspringenden Zähnen und dem nervösen Zucken völlig identisch waren) entgegen, um uns zu begrüßen, wobei sie sich das Fett von ihren Händen an den Schürzen abwischten und sich das Haar glatt strichen, als würden sie der königlichen Familie vorgestellt werden.
Signora Dorotea vollführte die ausgefeilte Verbeugung, die Abfolge von Schritten und den speziellen zweihändigen Händedruck, den Mitglieder der Gilde üblicherweise tauschen, und tat, was sie konnte, um die Brüder zu beschwichtigen.
»Nun, meine Burschen«, sagte sie, während uns die beiden unter vielen Verbeugungen und ständig geschwenkten Kellen, die alle drei gezückt hatten, ins Haus führten, »was für Informationen habt ihr über diesen armen kopflosen Kerl?«
»Nicht viele«, antworteten die Zwillinge einstimmig.
»Er wurde gestern Abend draußen gefunden«, sagte einer.

»Keine Spur von einem Kopf«, sagte der andere.
»Komisch angezogen war er.«
»Richtig, wie eine Art Faschingskostüm.«
Bei diesen Worten wechselten Signora Dorotea und ich einen hoffnungsvollen Blick. Inzwischen hatten wir uns dem genähert, was hier als Kühlraum anzusehen war. Tatsächlich war es eine altmodische Gefriertruhe, auf die in verblichenen Goldbuchstaben »Angelini Gelati« eingestanzt war.
Die Zwillinge klappten den Deckel hoch, sodass der kopflose Körper zu sehen war. Er war ein wenig zerdrückt, da in der Gefriertruhe nicht genügend Platz war, um ihn flach hinzulegen. Das Auffälligste an ihm war, dass er mit einer dichten Matte dunklen Haars bedeckt war, wie eine Kokosnuss. Und er war muskulös, nicht fett und schwabbelig, auch wenn die Größe in etwa stimmte. Details wie das Tattoo auf dem rechten Unterarm, ein gebrochenes Herz, über dem »Cunegonda« geschrieben stand, die Größe der Füße (riesig) und die Narbe von einer alten Schusswunde auf der linken Seite des Bauchs: All das bestätigte meine anfängliche Ahnung, dass es nicht Alberto war. Es war ein schwerer Schlag.
Ich schüttelte den Kopf und wandte mich ab.
Wir schlugen die freundliche Einladung der Zwillinge zu einem Eis aus, dankten ihnen für ihre Hilfe und ihre Zeit und verabschiedeten uns mit einem weiteren umständlichen Ritual.
»Nimm's nicht zu schwer, *bella*«, sagte die Signora und tätschelte meine Hand, als wir im Taxi an der Piazza Fiume im Stau standen. »Du weißt nie, was der morgige Tag bringen könnte.«
Aber es fiel mir schwer, optimistisch zu sein.

Neun

An diesem Abend kehrte ich, trotz der Enttäuschung des Nachmittags, ins Berenice zurück, was, rückblickend betrachtet, ein großer Fehler war. Ich wollte eigentlich nicht wieder hingehen, und ich hatte mir auch vorgenommen, es nicht zu tun, aber törichterweise, sehr törichterweise fand ich, ich könne Mormile nicht im Stich lassen.

Der Club war besser besucht als am Abend zuvor, und die Gäste defilierten an mir vorbei und gaben ihre Sachen ab, und es waren nicht nur Hüte. Der Platz, der mir zur Verfügung stand, füllte sich rasch mit Gegenständen, von denen ich nicht vermutet hätte, dass Leute sie in einen Cabaret-Club mitbringen würden. Ich gab Garderobenscheine für einen Gartenspaten aus, für ein Mannequin in einem Pelzmantel, eine Urne mit Asche, die eine Plakette mit der Aufschrift »Finger« trug, und für einen lebenden Hummer, dessen Scheren von Gummibändern zusammengehalten wurden. Ich war damit beschäftigt, all dieses Zeug in dem winzigen Raum unterzubringen, als ich mich umwandte und Dario Mormile genau hinter mir stand. Ich zuckte zusammen. Er sah fürchterlich aus. Sein linkes Ohr war dick bandagiert, und sein Arm hing in einer Schlinge. Er hatte den Gesichtsausdruck eines verzweifelten Mannes, und seine blutunterlaufenen Augen verrieten eine Furcht, angesichts deren er mir fast Leid tat.

»Freda, ich brauche deine Hilfe«, krächzte er. Er schien seine Stimme verloren zu haben. »Keine der Nummern hat sich heute Abend blicken lassen. Nicht eine einzige. Nicht einmal Olga Mollica. Seine Frau lässt ihn nicht mehr aus dem Haus. Es ist eine Verschwörung. Sie versuchen, mich in den Ruin zu treiben.« Er fuhr sich mit der freien schwabbeligen Hand über sein Gesicht, und mir fiel auf, dass sie zitterte. »Und ich weiß auch, wer dahinter steckt, und ich werde es mit gleicher Münze heimzahlen.« Auf einmal kehrte etwas von dem alten Feuer in seine Augen und seine Stimme zurück, und er klopfte sich auf die ausgebeulte Tasche seines schmuddeligen Jacketts.

»Wie soll man denn ohne Cabaret ein Cabaret-Club sein, Freda, das frage ich dich? Keine Nummern, keine Gäste«, fuhr er fort, »sie werden zu Fifi's gehen oder in die Pussy Cat Lounge. Ich werde ruiniert sein. Ich brauche dich, Freda, du musst weitermachen!«

»Ich muss weitermachen?«, fragte ich dümmlich.

»Wunderbar«, sagte er. »Ich wusste, dass du es tun würdest. Du bist ein begabtes Mädchen. Wer weiß, das könnte der Durchbruch für dich sein. Lass dich in der Stargarderobe einkleiden. Irgendwas, was sexy ist. Du bist in fünf Minuten dran. Die Kapelle kennt die Nummern; du musst nur mitsingen.«

»Ach ja, und, Freda«, fügte er hinzu, »es würde sich gut machen, wenn du ein bisschen tanzen könntest, einfach mit den Hüften wackeln. Du hast tolle Hüften. Und bedien dich ruhig bei den Requisiten. Die Schlange reißt die Leute immer vom Hocker.« Mit diesen Worten zog er sich in sein Büro zurück und knallte die Tür hinter sich zu.

Ich ließ den Garderobenstand unbeaufsichtigt – die Gegenstände dort würden schon nicht wegkommen – und eilte in die Stargarderobe, die sich neben der Küche befand. Es war eher ein Schrank als ein Zimmer, matt beleuchtet von einer nackten Birne, und roch nach schalem Schweiß und Schminke. Die Wände säumten Kleiderhaken, an denen eine Ansammlung schriller Kostüme, Federboas, Hüte, Perücken, Sonnenschirme und Handschuhe hing, und der Boden war übersät mit Schuhen und Theaterrequisiten: Engelsflügeln, Peitschen, Topfpflanzen.

Ich wusste nicht, wo ich anfangen sollte, aber es musste schnell gehen. Ich wählte ein langes, blaues, paillettenbesetztes Kleid, von dem ich glaubte, dass es annehmbar aussah, und zog mich aus. Irgendetwas gab mir das Gefühl, dass ich beobachtet wurde, und als ich mich umwandte, sah ich, dass die Tür angelehnt war und etliche Augen in unterschiedlicher Höhe ins Zimmer spähten. Ich knallte die Tür zu und hörte von draußen Schmerzensschreie. Dann klopfte irgendjemand laut und rief: »Freda Lippi. Sie sind in zwei Minuten dran.«

Zwei Minuten! Ich warf das Kleid über. Es passte nicht wirklich, aber es würde seinen Zweck erfüllen müssen. Es hatte einen tiefen Ausschnitt und einen Schlitz bis zum Oberschenkel. Ich wühlte in einem Haufen nach einem Paar Schuhe und störte dabei eine Schlange auf, die darin geschlafen haben musste. Sie war schwarz, glänzend und wütend. Sie richtete sich auf, zischte zornig und spie mich an. Ich verspürte einen scharfen und brennenden Schmerz in meinem Bein. Die Schlange hatte mich gebissen! Ich konnte nur hoffen, dass sie nicht giftig war. Wenn Mormile glaubte, dass ich mit diesem gehässigen Geschöpf auftreten würde, dann hatte er sich aber getäuscht. Ich untersuchte die Wunde. Sie war kreisförmig und qualmte.

»Eine Minute!«, rief die Stimme noch einmal.

Ich stieg in ein Paar silberne Schuhe, die mir ein paar Nummern zu groß waren, schlang mir eine Federboa um den Hals, steckte mir eine Wachsblume ins Haar und klatschte mir etwas rote Schminke auf die Wangenknochen, um mir die Farbe wiederzugeben, die mir die Angst genommen hatte. Als ich in den zersprungenen Spiegel sah, glaubte ich, annähernd als Cabaret-Sängerin durchgehen zu können.

»Sie sind dran«, rief die Stimme, und diesmal ging die Tür auf. Der kolossale Türsteher, dessen blutverschmierte Nase in einem Gips steckte, streckte die Hand nach mir aus und nahm mich fest beim Arm, als hätte er den Befehl, mich nicht fortzulassen. Mir wurde schwindelig, und ich kämpfte in meinen Schuhen ums Gleichgewicht. Lampenfieber, nehme ich an.

Ich wurde zu dem Perlenvorhang eskortiert, wo wir warteten. Mein Herz schlug unregelmäßig, und ich konnte spüren, wie mein Gesicht brannte. Drinnen stand Mormile selbst am Mikrofon und wandte sich mit seiner krächzenden Stimme, die unerträglich laut durch die Boxen dröhnte, an die Gäste.

»Ladys und Gentlemen, liebe Jungen und Mädchen, frisch von den Luxuskreuzfahrtschiffen dieser Welt, wo sie –«

An dieser Stelle wurde er von dem Mikrofon unterbrochen, das einen langen und äußerst schmerzhaften Pfeifton ausstieß, aber er fuhr unbeirrt fort: »– und den Fleischtöpfen von Damaskus, bitte ich Sie um eine herzliche und anerkennende Begrüßung für die schöne und begabte Signora Veronique Kapoor.« Ein Trommelwirbel erschallte, und dann setzte die Kapelle mit den ersten Takten von »L'Uomo Che Amo« ein.

Der Scheinwerfer richtete sich auf den Vorhang, hinter dem ich wartete. Der Türsteher drückte mir ein Mikrofon in die Hand und schubste mich nach vorn. Ich stolperte in den Raum und war in dem grellen Licht völlig geblendet. Ich wusste, dass ich anfangen musste, zu singen. Zum Glück kannte ich die Nummer gut. Meine Stimme kam, bis zur Unkenntlichkeit verstärkt und verzerrt. Es war, als würde eine völlig andere Frau singen.

Der weiße Kreis des Scheinwerfers begann sich langsam durch den Salon zu bewegen, und ich wusste, dass ich ihm folgen musste. Ich versuchte angestrengt, sowohl in den Schuhen als auch in dem Kleid zu bleiben, das sich alle Mühe gab, herunterzurutschen. Die Stufen zu der kleinen Bühne hinaufzusteigen war besonders heikel, und ich strauchelte mehr als einmal, hoffte aber, dass es niemandem auffiel.

Sobald ich auf der Bühne war, begann ich mich zu entspannen, und so seltsam es erscheinen mag, ich begann sogar Spaß dabei zu haben. Bevor ich auch nur das Ende der ersten Nummer erreicht hatte, gab es begeisterten Beifall. Nahtlos führte die Kapelle zu »Notte e Giorno« über, und ich gab mein Bestes.

»Freda, du bist ein Star«, rief Mormile, und so kam ich mir auch vor.

Ich sang mich durch »Amante di Miei Sogni« hindurch, wobei ich mich im Rhythmus der Musik wiegte, und ich wagte es sogar, eines meiner Beine aus dem Schlitz in meinem Rock rutschen zu lassen. Alles lief wunderbar, bis mir auf einmal unerträglich heiß wurde und meine Beine unter mir nachgaben.

Ich fiel von der Bühne und landete auf etwas Hartem. Die Mitglieder der Kapelle wussten nicht, ob sie weiterspielen sollten oder nicht; manche taten es, andere nicht, und durch das Mikrofon, das ich nach wie vor umklammert

hielt, dröhnte weiterhin mein keuchender Atem. Es schien eine Ewigkeit zu dauern, bis die Lichter angingen, und als sie es schließlich taten, war ich ganz benommen.
Ich stellte fest, dass ich auf einem Tisch gelandet war, wobei ich die Kerze gelöscht und die Gläser zerbrochen hatte. Mein Kopf lag auf dem Schoß des Besitzers eines weißen Anzugs. Ich glaubte, im Delirium zu sein, als ich den Mann sah, der den Anzug trug: Ja, es war wieder der Commissario. In Verkleidung, aber er war es unverkennbar, trotz der offensichtlichen Perücke im Stil von Elvis Presley, der künstlichen Sonnenbräune und dem schweren Goldschmuck.
»Freda«, stöhnte er, »alles in Ordnung mit Ihnen?«
»Es geht ihr ausgezeichnet«, sagte Mormile, der an meiner Seite aufgetaucht war. »Los, die Show muss weitergehen.«
Er schnippte mit den Fingern seiner gesunden Hand in Richtung der Kapelle und versuchte dann, mich auf die Beine zu stellen. Es half nichts, mein Körper wollte einfach nicht reagieren. Meine Zunge dehnte sich aus und war schwer und pelzig wie eine Wüstenmaus.
»Schlangenbiss«, stieß ich mit meinem, wie ich glaubte, letzten Atemzug hervor.
Die Frauen im Publikum begannen zu schreien, die Männer stimmten mit ein, und es entstand ein hektisches Getümmel, das zum Ausgang drängte. In der sich anschließenden Panik wurden Abendkleider zerrissen, Silberschuhe gingen verloren, und Toupets verrutschten.
»Giftschlangen!«, riefen die Stammgäste.
»Passt auf, da ist eine violette, Menschen fressende Kobra.«
»Das ist eine Boa constrictor.«
»Klapperschlangen.«
Tische wurden umgestoßen, und Flammen loderten auf,

als Kerzen die Polster in Brand setzten. Bald war der Salon in erstickenden schwarzen Rauch gehüllt.
Die Kapelle schloss sich dem Exodus an, und Franco blieb mit seinem Kontrabass in der Tür stecken. Die Gäste drängelten und schubsten hinter ihm weiter, und achtzehn Leute wurden in dem Tumult verletzt. Es herrschte Chaos. Mormile rannte hin und her und versuchte, die Lage zu beruhigen, aber er erreichte nur das Gegenteil. Schließlich brachte er sich selbst zum Schweigen, als er mit dem Kopf im Schalltrichter der Basstuba stecken blieb.
Inzwischen, bevor ich das Bewusstsein verlor, wurde mir bewusst, wie sich der Commissario seine Jacke und Perücke herunterriss. Er konnte in einem Augenblick wie diesem doch wohl keine Romanze im Sinn haben? Nein, stattdessen schnappte er sich mein verletztes Bein und untersuchte es eingehend. Dann zückte er ein riesiges Schnappmesser und sagte:
»Freda, das wird vielleicht ein bisschen wehtun«, und setzte das Messer an der Wunde an.
Der Schmerz war grauenhaft. Ich überlegte, ob ich in Ohnmacht fallen sollte, entschied dann aber, dass es besser war, wachsam zu bleiben. Dann, nachdem er genug mit dem Messer hantiert hatte, setzte er seine Lippen an meinem Bein an und begann zu saugen. Er saugte und saugte, immer wieder, und spie dann in regelmäßigen Abständen den Inhalt seines Munds entschlossen auf den Boden. Ich hatte schon Angst, ich würde völlig ausgesaugt werden. Der Rauch war inzwischen so dick, dass uns die Augen tränten und das Atmen schwer fiel.
Alarmiert von dem Chaos der Stammgäste, die aus dem Gebäude flohen, und dem Rauch, der aus ihm entwich, ergriff die Polizei die Gelegenheit, um eine Razzia gegen

den Club durchzuführen, den sie schon seit geraumer Zeit überwachte. Ein Trupp uniformierter Beamter stürmte Schlagstöcke schwingend in den Club. Einer von ihnen begann, brutal auf Kopf und Körper des Commissario einzuprügeln.
»Eine verletzte Frau so auszunutzen«, rief der Sergeant verächtlich zwischen dem Hagel von Schlägen. »Sie sollten sich schämen. Nehmen Sie das!«
Der Commissario, in einen bewusstlosen Zustand geschlagen, fiel auf mich. Das war der Punkt, an dem ich endgültig die Besinnung verlor.

Zehn

Ich spürte, wie etwas Kaltes über mein Gesicht spritzte, und als ich die Augen aufschlug, sah ich die langsam dahinschmelzenden Augen des Commissario, die ängstlich in meine blickten.

»Gelobt sei die Madonna«, sagte er. »Freda, Sie sind durchgekommen.« Seine Stimme war schwer von Emotion, und sie verriet, dass seine Gefühle für mich mehr als rein beruflicher Natur waren.

Meine Augen brannten ein wenig, und ich entdeckte eine Zitronenscheibe auf meiner Oberlippe und ein paar Eiswürfel auf meinem Brustansatz. Der Gin Tonic hatte mich ins Bewusstsein zurückgeholt, nachdem alles andere fehlgeschlagen war. Der Commissario hob mich in einen Sessel. Seine Arme waren stark und muskulös, und ich fühlte mich in ihnen federleicht wie eine Puppe.

Die Flammen hatte der Türsteher gelöscht, der inzwischen sein Jackett benutzte, um die letzten schwelenden Reste der Polster zu ersticken. Als sich der Rauch allmählich lichtete, fanden sich die Stammgäste einzeln oder paarweise langsam wieder ein. Die Mitglieder der Kapelle räumten den Eingang. Franco befreite seinen Kontrabass, aber er war arg zersplittert, und zwei Saiten waren gerissen. Selmo d'Angelo gelang es, seine Basstuba Dario Mormiles Kopf zu entwinden, indem er sich auf dem Boden ausstreckte

und seine Füße mit aller Kraft gegen Mormiles Schultern rammte.
Sie gruppierten sich neu und stimmten eine beschwingte Interpretation von »Per Favore Credimi« an. Ein oder zwei Paare, darunter einige der Polizeibeamten, die ihre Schlagstöcke wieder eingesteckt hatten, begannen zu tanzen. Beata Fresca, die Kellnerin, hatte auf einmal alle Hände voll zu tun, als immer mehr Getränkebestellungen über sie hereinbrachen. Alle mussten abschalten und sich beruhigen.
Zu meinem Entsetzen sah ich, dass mein verletzter Oberschenkel einen stattlichen Haarwuchs entwickelt hatte. Wie hatte das passieren können? War es eine Folge des Schlangenbisses? Doch bei genauerer Betrachtung zeigte sich, dass der Commissario seine Perücke als Aderpresse benutzt hatte. Die Wunde klaffte allerdings noch immer, und sie war violett umrandet.
»Keine Sorge«, las er meine Gedanken. »Es war nur eine harmlose Ringelnatter; das wird im Nu verheilen.«
Mir wurde bewusst, dass Mormile neben mir kauerte.
»Wie wär's mit einem kleinen Song, Freda, um die Stimmung ein bisschen in Schwung zu bringen? Was hältst du davon?«
Mir fiel auf, dass sich ein tiefer roter Rand um seine Stirn zog.
Ich sagte: »Nein«, und ich spürte so viel Kraft in mir, obwohl mein Zustand noch immer erbärmlich war.
Die ganze Zeit über blieben die Augen des Commissario auf mich geheftet. Als würde er darauf warten, dass ich irgendetwas sagte oder tat. Ich wollte ihn nicht enttäuschen, aber ich wusste nicht, was er erwartete.
Dann wechselte das Tempo der Musik, und Mormile selbst betrat die Bühne, um »Amore Arrivo« zu singen. Seine

Stimme war nicht schlecht, wenn man bedachte, dass er ein Amateur war.

»Tanzen?«, fragte der Commissario.

Ich nickte, obwohl ich mich kaum auf den Beinen halten konnte. Wieder hob er mich in seine starken Arme hoch, und wir betraten die Tanzfläche. Ein Paar nach dem anderen entschwand, und wir blieben allein in dieser bebenden Welt zurück, erfüllt von seinem männlichen Duft, erwärmt von der Hitze seines Körpers, der meinem so nah war, und begleitet von den trällernden Tönen von Mormiles Lied.

Als die Lippen des Commissario meine suchten, schloss ich die Augen, und ich driftete in einen Zustand ab, den ich nur als Verzückung bezeichnen kann.

Elf

Als ich das nächste Mal die Augen aufschlug, hatte ich keine Ahnung, wo ich mich befand und was mir zugestoßen war. In dem gedämpften Licht war nicht viel zu erkennen, aber es schien mir so, als läge ich in einem Bett. Ich spürte steife Bettwäsche, und ein steriler Geruch lag in der Luft. Ersticktes Weinen und Stöhnen drang aus der Nähe an mein Ohr, und mir dämmerte, dass ich mich in einem Krankenhaus befand. Tatsächlich kam es mir, als sich meine Augen an das Halbdunkel gewöhnten, allmählich sehr vertraut vor. Ich war mir nicht sicher, aber ich schien auf derselben Station zu sein wie damals nach dem Unfall.

Gegenüber und zu meiner Linken und Rechten standen zahlreiche Betten, in denen schlafende Gestalten lagen. Neben meinem Bett war ein Schließfach mit einer Obstschale und einer Vase mit Nelken obenauf, aus einem Tropf floss eine farblose Flüssigkeit in meinen Arm.

Dann begann ich mich zu erinnern. Natürlich, ich war im Cabaret-Club von einer Schlange gebissen worden, von der Bühne gefallen und hatte Rauch von dem Feuer eingeatmet. Ich versuchte mich zu bewegen, aber mein schlimmes Bein, dasselbe, das gebissen worden war, fühlte sich schwer und wie tot an und reagierte nicht im Mindesten auf all meine Versuche, es zu verlagern. Ich schlug das Bettzeug und den

OP-Kittel des Krankenhauses zurück und sah zu meinem Entsetzen, dass sich Bein und Fuß grün verfärbt hatten. Erbsengrün. Mein Oberschenkel, wo der Biss war, war mit einem straffen Verband umwickelt.

»Seht euch diese Farbe an!«, sagte eine Stimme. Es war die Frau in dem Bett zu meiner Linken, die herübergeschlurft kam, um sich die Sache aus der Nähe anzusehen. Ihre beiden Arme waren in Verbänden mumifiziert, und ihr Haar war zum Teil versengt.

»Oooh«, fuhr sie fort, »ist das nicht grauenhaft? Wie etwas, was aus einem Weiher hochgeholt wurde. Hier, Nerissa, komm und sieh dir das Bein der armen Signora Kapoor an.«

Nerissa, die das Bett gegenüber innehatte, rappelte sich hoch. Sie steckte in einer Halskrause, und einer ihrer Füße lag in Gips. Langsam und unter Schmerzen durchquerte sie den Raum, wobei sie für das runde Dutzend Schritte eine Ewigkeit zu brauchen schien.

Sie untersuchte mein Bein ein paar Minuten lang schweigend, bevor sie sich umwandte und auf den Rückweg machte.

»Das arme Ding«, sagte meine Nachbarin, während wir Nerissas Rückzug in Zeitlupe beobachteten, »hat sich in dem Tumult selbst die Zunge abgebissen. Die Ärzte haben versucht, sie wieder anzunähen, aber sie hat nicht gehalten. Sie haben sie verkehrt herum angenäht. Die Erste, bei der sie es versucht haben, wissen Sie. Jedenfalls, sie wird nie wieder sprechen können.«

Ich begann allmählich, depressiv zu werden.

»Ich bin übrigens Valeria«, fuhr sie fort. »Sie sind fünf Tage lang bewusstlos gewesen. Aber Ihr Auftritt im Club hat mir gefallen. Jetzt ist natürlich nichts mehr davon da, er ist dem Erdboden gleichgemacht. Jammerschade, wirklich. Na ja, so ist das eben, denke ich; heute hier und morgen fort.«

Ich schloss die Augen und stellte mich schlafend. Hoffentlich würde Valeria gehen und mich allein lassen. Von Zeit zu Zeit spürte ich die Berührung ihrer bandagierten Finger an meinem schlimmen Bein, aber ich ignorierte sie und schaffte es, wieder wegzudämmern.

Währenddessen kam der Arzt zu seiner Visite auf die Station. Er war ein ungewöhnlich großer Mann und musste sich bücken, um sich nicht den Kopf an den Lampen anzuschlagen, die von der Decke hingen. Er trug die grüne Haube eines Chirurgen, und ein Großteil seines Gesichts war von seiner Gesichtsmaske verdeckt. Er untersuchte Nerissa und war etwas vorschnell, als er ihr seine Finger in den Mund steckte. Ihre hyperaktiven Zähne konnten nicht umhin, ihn zu beißen.

Dann trat der Arzt an das Bett meiner Nachbarin, Valeria. Obwohl in vorgerücktem Alter, zögerte sie nicht, ihr ohnehin knappes Negligee zu lüften und noch mehr von ihren gruseligen Beinen zu entblößen, wobei sie eine, wie sie glaubte, verführerische Pose auf der Tagesdecke einnahm. Der Arzt untersuchte ihre versengten Augenbrauen. Hatte er eine allzu blühende Phantasie, oder spitzte sie die welken Lippen, als ob sie ihn küssen wollte, trotz seiner schützenden Maske? Er konnte das Risiko nicht eingehen und wandte sich brüsk ab, ließ Valeria mit offenem Mund zurück und kam zu meinem Bett herüber.

Ein Blick aus diesen dunklen Augen war genug, um mich zu überzeugen, dass das nicht der reguläre Arzt war. Ich wusste, dass es der Commissario war, wieder in einer neuen Verkleidung.

»Wie fühlen Sie sich?«, fragte er, wobei er mir mit seiner Stiftlampe nacheinander in beide Augen leuchtete.
Aber das helle Licht war nicht das der Stiftlampe des Doktor-Commissario; es entpuppte sich als Leselicht über meinem Bett. Ich blinzelte in jener trägen Phase zwischen Schlaf und Wachsein und fragte mich, wie viel von dem Traum Wirklichkeit war und wie viel meine eigene Phantasie heraufbeschworen hatte.
Über mich gebeugt stand Dario Mormile, obwohl ich eine Weile brauchte, um ihn einzuordnen, da er eine Art Messinghelm auf dem Kopf trug, der ihm bis tief über die Augen reichte und sie überschattete, sodass er, um überhaupt etwas zu sehen, den Kopf zurücklehnen und darunter hervorblinzeln musste. Er las meinen verwirrten Gesichtsausdruck.
»Schon gut, Freda, ich bin's; das ist eine Basstuba«, erklärte er. »Dieser *puzzone* Selmo d'Angelo hat sie mir in seiner Panik, aus dem Club zu entkommen, auf den Kopf gerammt. Ich habe sieben Stunden in der Chirurgie verbracht, aber sie konnten sie nicht wegbekommen. Sie hat sich in meinen Schädel eingegraben. Sie konnten lediglich den Rest absägen, sodass jetzt wenigstens niemand auf ihr spielen kann. Sie sagen, ich werde damit leben müssen, aber ich will sie weghaben. Ich werde ins Ausland gehen, einen guten Arzt finden ...«
Ich glaubte, noch immer zu träumen, aber als ich mich umsah, hatte ich das Gefühl, ich müsse wach sein. Einige der Patienten, diejenigen, denen es gut genug ging, saßen um den Tisch in der Mitte bei einem Abendessen, das nach gekochtem Kalbfleisch und Zwiebeln roch. An einigen Betten standen Besucher, und ein paar Schwestern liefen mit Bettpfannen und Verbänden vorbei. Mormile plapperte weiter, obwohl ich ihm nicht wirklich zuhörte.

»Freda, weißt du, ich bin jetzt ruiniert. Ruiniert. Der Club wurde von den Flammen zerstört. Völlig. Es ist nichts mehr da. Nichts. All die jahrelange Arbeit, einfach in Rauch aufgegangen. Die Versicherer sagen, sie werden mir nichts bezahlen. Irgendetwas Kleingedrucktes auf der Rückseite der Police. Aber ich werde mich noch revanchieren. So lasse ich nicht mit mir umspringen. Ein paar Leute reden davon, Klage einzureichen. Sieben Leute sind ums Leben gekommen. Und weißt du, Freda, ich mache dir keine Vorwürfe, aber es war alles deine Schuld.«

»Meine Schuld?«, stieß ich hervor. Meine Stimme klang seltsam in meinen Ohren. Wie die von jemand anders. Ich war es nicht mehr gewohnt, zu sprechen.

»Denk einmal darüber nach«, sagte er. »Ohne dich wäre das alles nicht passiert.«

Zwölf

Als ich das nächste Mal aufwachte, sah ich Signora Dorotea, die mit besorgter Miene meine Hand streichelte.

»Ist es wirklich meine Schuld?«, fragte ich sie.

»Aber nein, meine Liebe«, sagte sie. »Natürlich ist es nicht deine Schuld. Es ist dieser lausige Mormile. Ich kann gar nicht glauben, dass du diesen Job bei ihm angenommen hast. Wir haben doch gesagt, wir würden dir mit dem Geld aushelfen. Wusstest du, dass er keine Versicherung hatte und die Notausgänge blockiert waren? Und dann hat er auch noch gefährliche Reptilien in den Räumlichkeiten gehalten. Du kannst von Glück reden, dass du am Leben bist. Die Polizei sucht ihn, und wenn sie ihn finden, glaub mir, dann werden sie ihm die Leviten lesen. Und noch andere Leute suchen ihn. Aufgebrachte Leute. Ein paar sehr einflussreiche Persönlichkeiten sind in jener Nacht ums Leben gekommen, Freda – ich weiß das, da wir die Beerdigungen abwickeln –, und viele weitere wurden verletzt. Sie wollen Rache. Er wird von Glück reden können, wenn die Polizei ihn zuerst findet.«

»Aber er ist hier drinnen«, flüsterte ich, »im Krankenhaus. Ich habe ihn gesehen. Er war eben hier, bevor Sie gekommen sind. Der Schalltrichter einer Basstuba steckt auf seinem Kopf. Die Ärzte können ihn nicht wegbekommen. Er wird damit leben müssen, aber er sagt, wenigstens kann jetzt niemand auf ihr spielen. Sie haben das Mundstück abgesägt ...«

»Natürlich, meine Liebe«, sagte Dorotea in dem Ton, den sie verstörten Kunden gegenüber anschlug. »Die Ärzte haben gesagt, du brauchst viel Ruhe. Du bist sehr krank gewesen. Die Schlange, die dich gebissen hat, war eine schwarze Mamba. Eigentlich solltest du gar nicht hier sein. Aber es wird dir bald besser gehen. Also leg dich einfach still hin, und reg dich nicht auf. Ich habe dir ein paar hübsche Trauben mitgebracht, und sieh mal, hier ist ein Exemplar der *Monatsschrift der Leichenbestatter*, eben erst erschienen – ich finde, du machst dich entzückend auf dem Foto ...«

»Hübsche Trauben«, wiederholte ich ohne bestimmten Grund, »entzückend auf dem Foto.«

Dreizehn

»Ich erinnere mich an Sie«, sagte eine Stimme am Fußende des Betts.

Ich sah auf. Es war eine Krankenschwester, an die ich mich undeutlich von früher entsann. Schwester Spada. Sie hatte dicke Lippen, wie ein Fisch, und ein salziger Geruch umgab sie.

»Dasselbe Bein, stimmt's? So ein Pech. Ich habe eben zu Ihrem Ehemann gesagt …«

»Meinem Ehemann?«

»Ja, dem kleinen dicken Burschen mit den aufdringlichen Anzügen. Hat die Angewohnheit, seine Stimme von irgendwo anders kommen zu lassen. Scheint Ihnen sehr zugetan zu sein. Er ist jeden Tag hier gewesen, hat am Bett gesessen und Ihre Hand gehalten.«

»Er ist hier gewesen?«, fragte ich ungläubig, entsetzt, verwirrt.

»Und die anderen«, fuhr sie feixend und mit einem Augenzwinkern fort, »aber keine Sorge, wir haben unser Bestes getan, damit sie sich nicht über den Weg gelaufen sind.«

»Die anderen?«, fragte ich matt. War diese Halluzination eine Folge des Schlangenbisses, fragte ich mich, oder der Medikamente, die sie mir verabreichten?

»Sie wissen schon …«, sagte Schwester Spada mit einem nochmaligen Augenzwinkern und einem Rippenstoß mit ihrem Ellbogen, denn sie war inzwischen seitlich an mein Bett getreten.

»Der Große mit den hübschen Augen. Ein paar Mädchen auf der Station sind ganz verrückt nach ihm, das kann ich Ihnen sagen. Und dann ist da noch dieser andere, dieser seltsame Bursche mit der Trompete auf dem Kopf.«

»Das ist eine Tuba«, verbesserte ich sie.

»Wie Sie meinen.« Sie zuckte die Schultern. »Drückt sich hier herum; eben noch da, im nächsten Augenblick verschwunden, ein bisschen windig, sieht ständig über seine Schulter. Sogar ein Schuljunge ist hier gewesen, ein- oder zweimal, ein bisschen hölzern, glänzend, klein, schrille Stimme. Sie haben mit Abstand den häufigsten Herrenbesuch. Ein paar der anderen Damen sind durchaus eifersüchtig. Na ja, ich denke, das kommt davon, wenn man im Showbusiness ist. Ich habe gelesen, dass Berühmtheit ein ›Aphrozodiakum‹ ist.«

»Aphrodisiakum«, verbesserte ich sie wieder.

»Du meine Güte, wir nehmen es aber genau, was?«, sagte sie und stakste davon. Später hörte ich, wie sie zu den anderen Schwestern sagte, ich sei so eingenommen von meiner eigenen Wichtigkeit, dass es sinnlos sei, mit mir zu reden. Von diesem Augenblick an nannten sie mich Miss Hochwohlgeboren. »Miss Hochwohlgeboren braucht eine Bettpfanne.«

»Zeit für die Medikamente für Miss Hochwohlgeboren.«

Sie musste sich täuschen. Wie hätte Alberto hier sein können? Was für ein grauenhafter Gedanke. Ich musterte meine Hand, suchte nach einer Spur seiner fettigen, fleischigen Berührung. Es gab keine. Ich redete mir ein, dass die Schwester an Wahnvorstellungen litt, und ließ mich in meine Kissen zurücksinken. Signora Dorotea hatte Recht; ich brauchte Ruhe.

Vierzehn

Am nächsten Tag zwang ich mich, obwohl ich schrecklich müde war, wach zu bleiben. Wenn Alberto wiederkam, würde ich ihn abpassen. Als am Nachmittag die Besuchszeit begann, erhöhte ich meine Wachsamkeit. Ich war ständig auf der Hut und musterte jeden, der die Station betrat, um sicher zu sein, dass man mir keinen Streich spielte.

Viele Männer, die ich aus dem Club kannte, kamen von ihrer Station am anderen Ende des Korridors zu uns herunter. Ein paar von ihnen hatten fürchterliche Verletzungen: fehlende Augen, Arme, Beine, Zähne, Ohren; Verbrennungen am ganzen Körper; und die diversen Anzeichen eines erdrückenden Gedränges – unauslöschliche Fußabdrücke an den Köpfen, in die Länge gezogene Körper, verstümmelte Gliedmaßen.

Ich erkannte Selmo d'Angelo, durch dessen Verschulden sich die Tuba in Dario Mormiles Kopf eingegraben hatte. Selmo und Labbra Fini, der die Posaune spielte, wurden von einem straffen Verband um beide Oberkörper zusammengehalten. Offenbar hatte sich ihr Fleisch während des Feuers verflüssigt und die beiden miteinander verschmolzen. Es war unklar, ob sie auf eine erfolgreiche Trennung hoffen konnten. Sie besuchten Labbras Freundin Lola, die an einer akuten Rauchvergiftung litt, und die drei debat-

tierten leidenschaftlich ihre künftigen Schlafarrangements für die Zeit nach ihrer Entlassung.
Ich erspähte jemanden in einem Affenkostüm, einen Zauberer, zwei Nonnen, einen offiziellen Fotografen und einen Rosenkranzverkäufer, aber ich war mir zu neunundneunzig Prozent sicher, dass Alberto es nicht geschafft hatte, sich in die Station hineinzuschmuggeln.
Schließlich trat eine Gestalt durch die Tür, die ich kannte. Es war der Commissario, und diesmal bildete ich es mir nicht ein. Die Schwestern begannen, sich wie Schulmädchen zu benehmen, kicherten und erröteten und flüsterten sich anzügliche Bemerkungen zu. Mit zwei langen Schritten war er an meinem Bett. Er hielt einen Strauß welker Anemonen in der Hand. Ich stellte sie in meinen Wasserbecher. Valeria im Bett neben meinem war bereits eifrig dabei, ihr zerknittertes Dekolletee in Ordnung zu bringen, nachdem sie eine unnötige Menge von »Springtime in Paris« aufgetragen hatte, von dem alle niesen mussten.
»Wie fühlen Sie sich?«, fragte er, wie zu erwarten war. Die ganze Station verfiel urplötzlich in Schweigen.
»Ich fühle, dass das gar nicht ich bin«, flüsterte ich, »dass das alles irgendjemand anders passiert.«
»Und wie geht es dem Bein?«
»Es ist immer noch grün.« Ich lüftete die Bettdecke, um es ihm zu zeigen. Ich fand, er hatte sich das Recht verdient, es zu sehen. Schließlich hatte er mir das Leben gerettet. Wenn er den Anblick entsetzlich fand, dann verriet sein Gesicht es jedenfalls nicht. Ich war ihm dankbar dafür. Wir verfielen in Schweigen, während der Rest der Station wieder zu reden begann.
»Stellt euch nur die Größe vor!«, hörte ich eine der Schwestern sagen. Ihre Kolleginnen lachten rau und anzüglich.

»Sie können mein Bein jederzeit untersuchen, wenn Sie wollen!«, rief Valeria und entblößte Gliedmaßen, die an einem Huhn nicht unpassend ausgesehen hätten.
Der Commissario setzte sich auf den vinylbezogenen Stuhl neben meinem Tropf und Schließfach. Der Stuhl gab ein lautes Quietschen von sich und dann ein Schnauben, als die Luft aus dem Kissen gedrückt wurde.
»Sie haben mir das Leben gerettet«, sagte ich, wobei ich wie eine Figur aus einem schlechten Film klang, aber ich konnte nichts dafür; ich musste es sagen. Und ich meinte es ernst; ich spielte ihm nichts vor. »Ohne Sie wäre ich jetzt tot.«
Er beugte sich nah zu mir vor. Sein Geruch erfüllte meinen Körper. Wenn ich die Kraft gehabt hätte, hätte ich mich in ihm vergraben, ungeachtet der Zuschauer.
»Freda«, erwiderte er so leise, dass ich ihn kaum hörte, »ich war an jenem Abend gar nicht da, verstehen Sie? Es ist wichtig.«
Alle anderen auf der Station horchten angestrengt auf seine Worte. Und was sie nicht verstehen konnten, das dachten sie sich aus.
Ich nickte. Ich verstand. Aber was ich verstand, war gar nichts.
Sein Gesicht war so nah, dass es meines fast berührte. Seine Lippen waren trocken, weich, rosa, geöffnet. Sein Atem ging langsam. Ich weiß nicht, wie lange wir so verharrten, aber die Besuchszeit verflog, und der Bann wurde gebrochen von Stühlen, die über den Boden kratzten, von Rufen, die gute Besserung wünschten, und von Schwester Spada, die laut sagte: »Zu schade, dass der Ehemann heute nicht gekommen ist.«
»Man sagt, dass Alberto hier gewesen ist«, sagte ich, als es

mir wieder einfiel, »aber das kann doch nicht stimmen, oder?«

Der Commissario öffnete seine betörenden Lippen, um zu sprechen. »Wir können keine Möglichkeit ausschließen.« Ich spürte das Gewicht jedes einzelnen Worts, jeden winzigen Hauch seines Atems auf meinem Gesicht, und bewahrte sie als etwas Kostbares.

Widerstrebend erhob er sich zum Gehen. Es war so viel an ihm, dass es war, als würde sich eine Landkarte entfalten. Er warf mir einen Blick zu, den ich zusammen mit seinem Atem, mit seinen Worten bewahrte, und versuchte zu lächeln. Gleichzeitig sahen wir auf die Anemonen. Sie waren verwelkt und ließen die Köpfe über den Rand des Glases hängen, zu schwer für ihre Stängel.

Ich sah dem riesigen Rücken des Commissario nach, der sich entfernte. Es schmerzte mich zu sehen, wie er mich verließ. Am Ausgang wandte er sich noch einmal um und suchte mich zwischen den Reihen identischer Betten. Alle Damen winkten mit ihren Händen, zumindest diejenigen, die noch welche hatten. Diejenigen, die keine mehr hatten, hoben, was sie in Anbetracht der Umstände an bandagierten Gliedmaßen aufbieten konnten. Selbst die Schwestern warfen Kusshände.

Schließlich duckte er sich durch den Türrahmen und war verschwunden.

Fünfzehn

»Kommen Sie, Signora Kapoor«, sagte Schwester Spada in mein Ohr. »Zeit, aufzuwachen. Der Psychiater ist da, um Sie zu sehen, Dr. Piccante.«

Ein rundes Gesicht, rosig und glänzend wie ein Apfel, sah auf mich herunter. Auf seiner Oberlippe saß ein Schnurrbart, der wie Moos aussah. Unwillkürlich fragte ich mich, was aus Dr. Boncoddo geworden war, wollte mich aber nicht danach erkundigen. Ich wollte keine psychiatrische Krankengeschichte beichten.

Dr. Piccante warf einen Blick auf eine Mappe, auf der mein Künstlername stand. Dann sah er mich an und lächelte.

»Nun, wie lange haben Sie schon diese Halluzinationen, Signora Kapoor?«

Meine Miene musste ebenso ausdruckslos gewesen sein wie die Bettlaken, denn er fuhr fort:

»Diese erotischen Phantasien von einem Commissario, Signor« – er blätterte in seinen Unterlagen nach dem Namen –, »ah ja, Balbini? Und die Wahnvorstellungen von einem kleinen dicken Mann mit einem Toupet und einer Bauchrednerpuppe? Papageien tauchen ebenfalls oft auf. Davon, in einem Nachtclub von zweifelhaftem Ruf als Cabaret-Sängerin aufzutreten? Wie heißt er doch gleich, die Pussy Cat Lounge? Oh, nein, das Berenice, ja. Scheußliches Etablissement – wir hatten da einmal die Weihnachtsfeier der Abteilung. Nie wieder. Der Besitzer des Nachtclubs, ein gewisser Dario Mormile. Schlangen. Gift. Feuer. Das übliche Zeug. Die Liste ließe sich fortsetzen«, sagte er abschließend, während er das Bündel durchblätterte.

»Aber das sind keine Wahnvorstellungen«, sagte ich. »Das ist mein Leben.«

»Ahh, Signora Kapoor, wenn Sie nur wüssten, wie viele meiner Patienten mir schon mit diesem unverwüstlichen Spruch gekommen sind. Und jetzt sagen Sie mir, abgesehen von diesem Cabaret-Auftritt in Ihrer Phantasie, womit verdienen Sie sich Ihren Lebensunterhalt?«

»Ich bin Einbalsamiererin.«

Er nickte begeistert. »Nun, würden Sie sagen, dass Sie das in letzter Zeit vielleicht ein wenig übertrieben haben? Die Leichen haben sich gestapelt, stimmt's?«

Jetzt war es an mir, zu nicken. Ich nahm an, dass er es erwartete, und es erschien mir ungehörig, es nicht zu tun.

»Das dachte ich mir schon. Ja, Sie haben sich in letzter Zeit ein wenig überanstrengt. Fühlen sich den Dingen nicht mehr gewachsen. Das kann ich sehen. Und es ist nichts, weswegen Sie sich schämen müssten. Ganz und gar nicht. Schlagen Sie sich diesen Gedanken aus dem Kopf. Raus damit! So, jetzt ist er draußen! Nun, was Sie jetzt brauchen, Signora Kapoor, Veronique – wenn Sie gestatten – ist Urlaub. Erholen Sie sich. Genießen Sie die Sonne. Holen Sie den Bikini zwischen den Mottenkugeln hervor. Haben Sie schon einmal an eine Mittelmeerkreuzfahrt gedacht? Das kann in Anbetracht der Umstände sehr heilsam sein. Meeresbrisen. Fröhliche Matrosen. Sie wissen schon …«

Von jetzt an

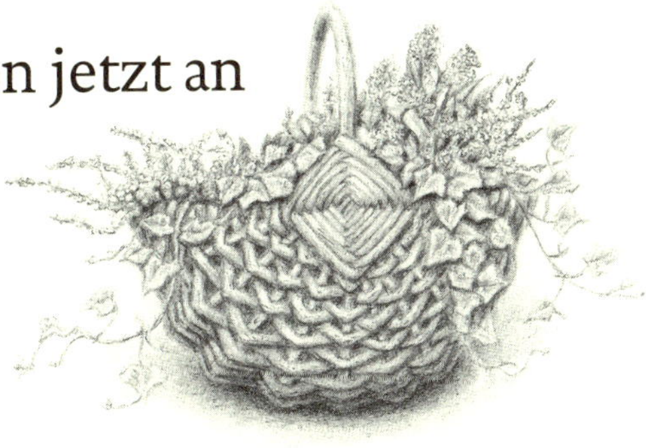

Eins

Ich kam mir vor wie Dornröschen, das nach einem hundertjährigen Schlaf wieder zum Leben erwacht. Als ich aus dem Koma zu mir kam, wurde ich von einem überwältigenden Drang ergriffen. Ich hatte so viel Zeit vergeudet. Ich hatte so viel Leben zu leben, und ich musste damit weiterkommen. Ich musste meine Arbeit wieder aufnehmen. Ich brauchte Sex, und ich würde ihn bekommen.

In meinem Schließfach fand ich ein blaues, paillettenbesetztes Kleid und silberne Schuhe – ich wusste nicht, wem sie gehörten, aber ich zog sie trotzdem an. Ich riss die Vorhänge um mein Bett zurück und stand Auge in Auge Fiamma gegenüber, der ich einen gehörigen Schrecken einjagte. Sie war eben erst von einer Tour durch Afrika zurückgekehrt und übersät mit Moskitobissen. Der Geheimdienst hatte die Station abgeriegelt, was für einigen Aufruhr sorgte, und etliche vierschrötige Männer mit dunklen Anzügen und Sonnenbrillen standen in der Gegend herum.

»Ich verschwinde von hier«, sagte ich.

»Man hat mir gesagt, du seist dem Tode nah.«

»Nein«, berichtigte ich sie, »ich war nur dem Leben nah.«

Augenblicklich schickte Fiamma einen ihrer Leute auf die Suche nach einem Paar Krücken, deren Anblick, als sie eintrafen, ein merkwürdiges Déjà-vu-Erlebnis für mich war.

Einen anderen ihrer Leute wies sie an, den Inhalt meines Schließfachs einzupacken. Es war nicht viel: ein benutzter mattrosa Lippenstift mit dem Namen First Kiss, ein Kamm, in dem etliche Zähne fehlten und ein paar blonde Haare hingen, eine gräuliche Unterhose, eine Flasche Haarwuchsmittel und ein angeschlagener und verschrumpelter Apfel. Diese Dinge gehörten mir nicht einmal, daher warf ich sie in den Abfalleimer.

Schwester Spada, die sich durch die Absperrkette gekämpft hatte und nicht glücklich war, stürzte auf mich zu. »Sie können nicht gehen. Die Ärzte haben Sie nicht entlassen.«

»Ich gehe«, sagte ich schlicht und schleppte mich davon in die Freiheit.

Auf dem langen Korridor, der zum Ausgang führte, kam ich an einer Gestalt in einem Pyjama vorbei, die ich schon lange nicht mehr gesehen hatte.

»Signor Tontini«, sagte ich. »Wie geht es Ihnen?«

Unter meinen Blicken lief mein Nachbar aus dem Stockwerk unter mir hochrot an. Er griff sich an die Brust und stürzte zu Boden. Ärzte und Schwestern eilten aus allen Richtungen herbei. Er wurde hochgehoben und auf eine Rollbahre verfrachtet. Seine Zahnprothesen wurden entfernt und plapperten weiter in der hohlen Hand der Lernschwester, in deren Obhut man sie gegeben hatte. Zwei der Ärzte begannen, eine Herzmassage durchzuführen; seine Familie wurde ermittelt und ein Priester gerufen, während er in aller Eile in die Notaufnahme gebracht wurde.

Der arme Signor Tontini. Schon seit Jahren war zu befürchten gewesen, dass seine Wut ihn irgendwann einmal umbringen würde. Jetzt war es ihr offenbar endlich gelungen.

Es war seltsam, wieder draußen in der Welt zu sein. Die Sonne blendete mich und war so heiß, dass ich spüren konnte, wie sie meine nackten Schultern wie eine Lötlampe versengte. Der Himmel war so blau wie noch nie. Während wir fuhren, erschienen mir die Straßen verstopfter, der Verkehr chaotischer und die Gebäude imposanter, als ich sie in Erinnerung hatte. Ich sah aus dem Fenster der Limousine, wobei ich mir wie eine Touristin vorkam, voller Freude darüber, am Leben zu sein.

Fiamma setzte mich an meiner Wohnung ab und fuhr dann weiter zum Ministerium, um an der täglichen Telefonkonferenz des Ministerpräsidenten teilzunehmen. Mehrere Briefe warteten auf meiner Türmatte auf mich, was ungewöhnlich war, da ich fast nie Post erhielt. In dem Augenblick fiel mir noch nicht auf, dass eine Ansichtskarte unter die Matte gerutscht war, ich fand sie erst lange Zeit später.

Ein Brief war mit dem Vermerk »Destino Assicurazione« frankiert. Gelangweilt riss ich ihn auf. Vermutlich war es nur ein Werbeschreiben, das mir eine Versicherungspolice aufschwatzen wollte. Aber das war es nicht. Ich sah auf das Datum – 18. August 1975 – ich hatte fast einen Monat, vermutlich mehr, verloren –, der Brief konnte schon seit einer ganzen Weile dort liegen. Ich las weiter:

Betr.: LIPPI, Alberto Geronimo

Sehr geehrte Signora,

nach befriedigendem Abschluss unserer Ermittlungen übersenden wir beiliegend einen Scheck in Höhe von dreißig Millionen Lire unter Bezugnahme auf die Lebensversicherungspolice des oben Genannten, Az. LIPAG177.

Stets gern zu Ihrer Verfügung,
unterzeichnet: (unentzifferbares Gekrakel)
für Destino Assicurazione

Alberto war also tot! Wirklich tot. Er musste es sein. Ich wusste, dass Versicherungen niemals etwas ausbezahlen würden, wenn es auch nur den leisesten Schimmer eines Zweifels gab. Sie hatten gründliche Ermittler. Endlich, endlich wusste ich die Wahrheit. Ich rief sofort Signora Dorotea an – ich musste es jemandem erzählen. Sie wunderte sich, dass ich nicht mehr im Krankenhaus war.

»Ich war erst gestern Abend da«, sagte sie. »Du hast geschlafen wie ein Stein.«

»Na ja, jetzt bin ich wach«, sagte ich, »und wissen Sie was?«

Ich las ihr den Brief vor.

»Natürlich ist er tot«, sagte sie. »Das habe ich doch schon immer gewusst – mein Bauch hat es mir gesagt. Wir werden eine Kerze für ihn anzünden – auch wenn ich den Mann nie gemocht habe, so habe ich ihm doch nichts Schlechtes gewünscht, und es ist schrecklich, was ihm zugestoßen ist.«

Ich legte auf und öffnete den nächsten Brief. Er war von der Bank, die sich für ihren Irrtum entschuldigte, mich davon unterrichtete, dass das Bankkonto nun nicht mehr gesperrt war, mir ihr Beileid zu Albertos Tod aussprach und mir ein geheimnisvolles Gratisgeschenk als Entschädigung anbot. Das konnten sie gern behalten – ich hatte in letzter Zeit so viele Geheimnisse gehabt, dass es mir für den Rest des Lebens reichte.

Der letzte Umschlag trug das Wappen des Hilfsvereins der Bauchredner. Einem Beileidsschreiben zu meinem schweren Verlust lag ein Scheck über eine Million Lire bei und eine herausgerissene Seite aus *Bauchrednerkunst heute* mit der Überschrift »Nachrufe«. Auf ihr stand: »LIPPI Alberto Geronimo, 1. April 1942 – 19. Juli 1975. Alle Angehörigen des Berufsstands der Bauchredner werden das tragische Hinscheiden ihres Amtsbruders Alberto Lippi zutiefst betrauern. Klein und dick und mit einem herausragenden Talent, trat er regelmäßig in jenem weltberühmten Lieblingslokal prominenter Persönlichkeiten auf, dem exklusiven Cabaret-Club Berenice. Allseits beliebt im Kreuzfahrtgeschäft, wurde Lippi zudem gern für Kinderpartys engagiert. Er hinterlässt den schelmischen Schuljungen Malco. Jedes Mitglied der Gilde, das der Bauchrednerpuppe eine passende Anstellung bieten könnte, wird gebeten, sich mit dem Sekretär in Verbindung zu setzen.«

Jetzt, nachdem ich wusste, dass Alberto nicht wiederkommen würde, konnte ich fast schon anfangen, Mitleid mit ihm zu haben, aber als ich hörte, wie ein Schlüssel in meiner Wohnungstür gedreht wurde, verpufften jegliche Gedanken der Nächstenliebe, und ich war drauf und dran, einen Herzinfarkt zu bekommen.

Zwei

Ein Kopf wurde durch die Tür gesteckt. Ein Männerkopf. Es war nicht Alberto, und ich konnte aufatmen. Er ist tot, sagte ich mir; er wird nie wiederkommen. Ich musste mich schleunigst von der irrationalen Angst befreien, dass er wieder auftauchen würde.

Der Mann war mir nicht völlig unbekannt. Ich hatte ihn eindeutig schon einmal irgendwo gesehen. Wo war es doch gleich gewesen? Bei der Arbeit? Im Krankenhaus? Im Berenice? Auf dem Markt? Und was noch wichtiger war, was tat er in meiner Wohnung?

»*Ciao, bella!*«, sagte er, und sein Körper folgte seinem Kopf durch die Tür. »Ich bin Nello.«

Ungebeten trat er zu mir in den Salon.

»Nello?«

»Nello Tontini. Von unten. Nabores Junge. Hab durch das Loch gesehen, dass Sie wieder da sind.«

Dort hatte ich ihn also schon mal gesehen. Der Sohn von Signor Tontini. Er strahlte Selbstbewusstsein aus – selbst die Härchen in seinem Nacken und auf seinen Armen wucherten völlig von sich überzeugt. Das Aussehen eines Manns, für den das Leben ein leichtes Spiel war.

»Freda, richtig?«

Ich nickte.

»Hübsches Kleid.«

»Danke.«
»Die Sache ist die, ich habe ein paar von Papas Sachen durchgesehen«, fuhr er fort, »und es scheint da ein paar Unregelmäßigkeiten zu geben …«
Seine Worte verloren sich, und er trat sehr nah auf mich zu. Sein Aftershave brannte mir in den Augen.
»Wissen Sie, Freda«, sagte er, wobei er meinen Arm leicht streifte, »dass die Miete für diese Wohnung seit acht Wochen nicht bezahlt worden ist?«
»Die Miete!«, rief ich aus. »Natürlich! Das habe ich völlig vergessen. Ich werde Ihnen sofort einen Scheck ausstellen.«
»Keine Eile«, entgegnete er. »Ich bin sicher, wir werden uns einigen. Sie sind eine attraktive Frau, Freda.« Mit einer Fingerspitze begann er, von meiner Schulter bis zu meinem Arm hinunter einer Linie zu folgen.
»Zu dumm, dass die im Krankenhaus Sie suchen«, sagte ich. »Ich komme eben von dort. Der Zustand Ihres Papas hat sich dramatisch verschlechtert.«
Widerstrebend gab er mir meinen Arm zurück und wandte sich zum Gehen. Beim Hinausgehen sagte er heiser: »Ich habe das eben ernst gemeint, Freda; denken Sie darüber nach. Aber fackeln Sie nicht lange herum.«
Ich wollte auflachen. Nello war abstoßend, aber trotzdem zitterte ich bei der Erinnerung an seine Berührung. Ich betrachtete mein Bild im Spiegel, und ich erkannte mich fast nicht wieder. Ich sah so gut aus wie noch nie. Es musste an dem vielen Schlaf in der letzten Zeit liegen. Nello hatte Recht, ich war eine attraktive Frau – und dieser Gedanke war mir völlig neu. Ich hatte mich immer als schlicht betrachtet. Das glitzernde Kleid stand mir wirklich gut, und ich wand mich vor dem Spiegel und bewunderte mein neues sexy Aussehen.

Drei

Ich riss die Fenster auf, um etwas frische Luft hereinzulassen und den durchdringenden Gestank von Nello Tontinis Aftershave Conqueror zu vertreiben. Dann holte ich all meine eintönigen, nach mittlerem Alter aussehenden Kleidungsstücke aus dem Schrank. Sie mussten verschwinden: Von jetzt an würde ich ein anderer Mensch sein. Ich warf sie einzeln nacheinander aus dem Fenster und winkte ihnen nach, während sie in der Brise davonsegelten. Die farblose alte Freda Lippi flatterte mit ihnen davon. Die aufregende, tollkühne Freda Castro wurde wiedergeboren.

Auf dem Campo pulsierte das Leben, und die rauen Schreie der Händler wetteiferten miteinander.

»Wasserpistolen.«

»Gesichtscreme für ewige Jugend.«

»Kaninchen, zart und billig.«

Während ich müßig am Fenster stand und zusah, wie eine Schubkarre voll mit glänzenden Zitronen durch die Straße geschoben wurde, gab es auf einmal einen Wirbel aus Luft und leuchtend blauen Federn, und Pierino landete auf dem Fenstersims.

»Mamma«, schrie er. »Mamma.«

Mein Freudenschrei ließ alle zu mir hochsehen.

»Pierino!«

Ich streckte eine Hand aus, und er hüpfte hinauf. Endlich

war er nach Hause gekommen. Zu meinem Erstaunen folgte gleich noch mehr Geflatter, und ein zweiter Papagei, blau, aber mit einem kleinen gelben Federbusch auf dem Kopf, landete auf dem Fenstersims.

»Schatz«, erklärte Pierino.

»Ahhh«, sagte ich. »Schatz.«

Der neue Papagei hüpfte ebenfalls auf meine Hand. »Gloria«, sagte er schüchtern. »Glorrrrrrria.«

Dann flogen die beiden in den Käfig, wo sie sich turtelnd und schnäbelnd nebeneinander auf die Stange setzten.

Ich war so aufgeregt, dass ich Signora Dorotea gleich noch einmal anrufen musste.

»Ich habe dir doch gesagt, er würde wiederkommen«, sagte sie, wie zu erwarten war. »Hatte ich nicht Recht?«

Und ich rief Fiamma an, aber sie war noch immer in der Telefonkonferenz, daher hinterließ ich eine Nachricht bei ihrer Sekretärin, die mir versprach, sie weiterzuleiten. Zuletzt rief ich Onkel Birillo an. Tante Ninfa war am Telefon, und sie klang aufgelöst. Um genau zu sein, brüllte sie gellende, herzzerreißende Schluchzer ins Telefon.

»Freda …! Er hat mich verlassen …!«, heulte sie. »Wegen dieser *puttana* Mimosa Pernice. Siehst du, ich hatte doch Recht. Ich hatte die ganze Zeit Recht …« An dieser Stelle ertönte etwas, was sich nach einem trompetenden Elefanten anhörte, und dann war plötzlich ihr Friseur Raffaello am Telefon und teilte mir mit, dass Tante Ninfa zusammengebrochen sei.

Ich hatte mich also getäuscht: Onkel Birillo war *doch* der Typ, der eine Geliebte hatte. Ich empfand Mitleid mit Tante Ninfa, aber mein Onkel hatte Recht – die Erfahrung hatte es mich selbst gelehrt, dass es keinen Sinn hat, in einer Ehe mit jemandem zu bleiben, den man nicht mag.

Vier

Pierino zog das Tuch über den Käfig, und ich verstand den Wink und beschloss, nach draußen zu gehen, vergewisserte mich aber vorher, dass ich alle Fenster geschlossen hatte. Meinem Bein ging es schon viel besser, und auf halber Höhe des Blocks gab ich meine Krücken einem lahmen Bettler mit zu vielen Fingern an der rechten Hand. Zufälligerweise war es derselbe Bettler, dem ich neun Jahre zuvor mein erstes Paar Krücken gegeben hatte, und sie hatten sich eben erst verschlissen. Ich wünschte ihm alles Gute, hoffte aber, dass dieses Paar Krücken das letzte war, das er von mir bekommen würde.

Mein erster Zwischenstopp war der Parruchiere Mimmo, und drei Stunden später tauchte ich mit einer enormen Afro-Dauerwelle wieder auf, die gerade der letzte Schrei war. Ein Chor lüsterner Pfiffe von vorbeikommenden Konditoren und Schlachterburschen schallte mir entgegen, und mehrere der dahinzuckelnden Lastwagen auf der Straße drückten auf die Hupe.

Von dort stolzierte ich ins Moda Seduttrice und verbrachte die nächsten paar Stunden damit, alles in dem Geschäft anzuprobieren. Ich verließ es mit sieben Einkaufstaschen voller glitzernder Abendkleider und einer Auswahl exotischer Damenwäsche in gewagten Farben. Außerdem kaufte ich zwei schulterfreie Sommerkleider, drei eng anliegende Blusen mit riesigen Kragen, ein paar Hüfthosen, einen bunt karierten Poncho und einen Makrameegürtel, der, wie ich fand, eine verlockende, aber praktische Auswahl an Möglichkeiten für meine Tageskleidung bot.

Meine letzten Einkäufe waren eine Flasche Wein, eine große Tafel Schokolade, ein Badeöl Pure Passion und ein Buch mit dem Titel *Aphrodisisches Essen: Fünfzig Rezepte für einen lustvollen Abend.*

Ich ging über den Markt nach Hause, der gerade seine Pforten schloss, und sah, dass Perdita Stellata meine alten Kleider an ihrem Stand verkaufte. Das Beerdigungskostüm, in dem ich Alberto geheiratet hatte, wurde für fünfhundert Lire angeboten. An einem Ständer mit dem Schild »Sonderangebote« hing das violette Nylonkleid, das ich getragen hatte, als ich seiner Mutter vorgestellt wurde. Dieses Leben schien jetzt so lange her. Ich betrachtete die Freda, die ich damals gewesen war, mit einer Mischung aus Unglauben, Verzweiflung und Nachsicht, wie eine peinliche jüngere Schwester. Ich fühlte mich älter, aber gleichzeitig jugendlicher, befreit von der doppelten Last eines verfrühten mittleren Alters und einer unerschütterlichen Unreife.

In meiner Wohnung war das Liebespärchen damit beschäftigt, sein Nest mit ausgezupftem Flaum, Baumwollfusseln, zerpflücktem Papier und zerrissenen Fetzen von den Vorhängen auszupolstern. Bald sollte Gloria vier weiße Eier legen, und die beiden waren so selig und stolz wie jedes menschliche Elternpaar.

Ich legte etwas Musik auf, schenkte mir ein Glas Wein ein, brach die Schokolade auf und streckte mich auf dem Bett aus. Durch den Schlitz in meinem Rock sah ich, dass mein Bein inzwischen nicht mehr grün war – es war zu einem freundlichen Gelb verblasst, und ich hoffte, dass es am nächsten Tag fast normal aussehen würde. Ich schlürfte den Wein und blätterte in dem Kochbuch. Dann rief ich den Commissario an.

»Balbini«, sagte er, und augenblicklich fühlte ich mich herrlich warm und feucht.

»Abendessen«, hauchte ich ins Telefon, »morgen um acht.« Dann legte ich auf. Es gab keinen Grund, mehr zu sagen.

Fünf

Früh am nächsten Morgen ging ich auf den Markt und füllte zwei Körbe mit Einkäufen. Ich kaufte die schärfsten Chili, die ich finden konnte, reife Tomaten, Knoblauch, Zwiebeln, einen großen Bund Basilikum und ein paar Salatblätter. Beim Fischhändler Selmo Manfredi (der mich Barbara nannte, obwohl ich ihn seit Jahren kannte) bekam ich ein paar wundervolle Aale, die in ihrer wassergefüllten Plastiktüte fröhlich umherschwammen. Beim Pastificio Gobbo kaufte ich frische *maccheroni* und beim Hühnermann Eier. Zuletzt kaufte ich noch zwei Flaschen Rotwein, eine Schachtel Kerzen, einen Strauß Ringelblumen für den Tisch und Obst: Nektarinen, Feigen, Aprikosen, Erdbeeren und Kirschen.

Als ich zur Arbeit erschien, erkannte mich Signora Dorotea zunächst ebenfalls nicht wieder und dachte, ich sei eine Kundin, die eine Beerdigung arrangieren wollte.

»Freda, was ist denn mit deinem Haar passiert?«, schrie sie. »Sieht aus, als hättest du einen elektrischen Schlag bekommen.«

»Das ist der letzte Schrei«, sagte ich, aber ich glaube nicht, dass sie überzeugt war.

Es war so gut, wieder da zu sein. Wir setzten uns mit einer Tasse Kaffee und ein paar Gebäckstücken hin und tauschten alles aus, was sich zugetragen hatte. Ich berichtete ihr die erschütternde Neuigkeit, dass Onkel Birillo Tante Ninfa einer gewissen Mimosa Pernice wegen verlassen hatte.

»Manchmal, Freda, glaube ich, dass du mit geschlossenen Augen durch die Welt läufst«, sagte sie. »Nach meiner sicheren Kenntnis trifft er sich seit 1957 mit ihr.«

»Manchmal«, entgegnete ich, »glauben Sie alles zu wissen. Aber es gibt eine Sache, die Sie mit Sicherheit nicht wissen.«

»Was denn?«, fragte sie, wobei ihre Augen vor Ungeduld glänzten.

»Sie wissen nicht, wer heute Abend zum Essen zu mir kommt.«

»Ooooooh«, sagte sie entzückt. »Ich glaube, ich kann es mir denken!«

In diesem Augenblick klingelte das Telefon auf dem Schreibtisch, und Signora Dorotea nahm ab.

»Onoranze Funebri Pompi«, meldete sic sich mit ihrer tiefen Geschäftsstimme. Nach einer Pause fügte sie hinzu: »Einen Augenblick«, und reichte mir den Hörer.

»Freda?«, ertönte eine Stimme, die ich augenblicklich erkannte.

»Da bin ich dir doch entgegengekommen, oder? Es brauchte nicht mehr als ein paar Anrufe von mir. Na ja, es ist ein Geben und Nehmen. Eine Hand wäscht die andere, und das alles. Ich habe hier einen Steifen, weißt du, und er muss verschwinden, ohne dass Fragen gestellt werden, und ich dachte mir, Freda ist das Mädchen, das mir da aushelfen könnte …«

»Nein«, sagte ich laut. »Nein, nein, nein.« Und dann legte ich auf.

Sechs

Signora Dorotea schickte mich früh nach Hause, damit ich mich vorbereiten konnte, und um sechs stand ich in meiner kleinen Küche und kochte die schärfste Chilisauce meines Lebens. *Aphrodisisches Essen* versicherte mir, je schärfer der Chili, desto feuriger die Leidenschaft – daher ging ich kein Risiko ein und hackte fünf große Schoten und briet sie mit einer Zwiebel und reichlich Knoblauch in Öl an. Dann mischte ich meine sonnengereiften Tomaten, Salz und zerrupfte Basilikumblätter unter. Ich ließ alles auf kleiner Flamme köcheln, und bald zog der betörende Duft durch meine Wohnung und auf die Straße hinaus, sodass Passanten die Nasen in die Luft reckten.

Die *maccheroni* standen in ihrer weißen Papiertüte neben dem Herd bereit und würden im letzten Augenblick in das kochende Wasser geschüttet werden. Sie würden mit der Sauce kombiniert als erster Gang serviert werden.

Als Nächstes die Aale, die ich im Bad im Waschbecken aufbewahrt hatte. Ich schnappte mir einen nach dem anderen und tötete sie mit einem gekonnten Schlag auf den Hinterkopf mit dem Nudelholz. Dann häutete ich sie, nahm sie aus, rieb sie rasch mit einem Lappen ab, um ihnen den Glanz zu nehmen, und schnitt sie in Stücke. Zwischen grobem Meersalz und frischen Lorbeerblättern würden sie sanft im Ofen schmoren und ihren köstlichen Duft verströmen. »Aale sind, wie allgemein bekannt, ein potentes Aphrodisiakum«, hieß es in dem Rezeptbuch, »servieren Sie diese Ihrem Liebhaber, und warten Sie, bis die Temperatur ansteigt.«

Schließlich wusch und trocknete ich meine wilden Salatblätter, richtete sie auf einer Platte an und häufte die saftigen Früchte in eine Schale.

Dann deckte ich den Tisch und stellte die Ringelblumen in die Mitte, verteilte ein paar Kerzen im Zimmer, legte eine Platte auf und öffnete den Wein, damit er atmen konnte. Ich trat einen Schritt zurück, um mein Werk zu begutachten, und ich war der Meinung, ich hatte alles sehr schön arrangiert.

Ich hatte noch eine Stunde, um mich zurechtzumachen. Zuerst nahm ich ein langes, heißes Bad, in das ich einen großzügigen Schuss Pure Passion gab (*garantiert Lust steigernd*, stand auf dem Etikett, *oder Geld zurück*). Ich hob mein Bein an und betrachtete es von nahem. Es war inzwischen so kräftig wie eh und je. Die Farbe war wieder normal, und die Wunde, wo die Schlange mich gebissen hatte, war kaum noch zu sehen. Ich wusste, dass ich endlich Sex haben würde, und bei dem Gedanken konnte ich mich kaum noch beherrschen. Obwohl ich sechsundzwanzig Jahre und ungefähr achtundsiebzig Tage gewartet hatte, glaubte ich wirklich, nicht einen Augenblick länger warten zu können.

Ich stieg aus der Badewanne, bevor ich zu schrumpeln begann, trocknete mich ab, rieb mich mit Lotion ein, rührte die Tomatensauce um, schlenderte nackt durch die Wohnung und sang vor mich hin, während ich eine köstliche Vorfreude in mir aufwallen spürte. Inzwischen war es zwanzig vor acht, und ich wusste, dass ich mich ankleiden musste. Im Schlafzimmer sah ich ein Auge durch das Loch im Boden starren. Nello Tontini. Der Spanner. Na ja, sollte er doch gaffen. Es war mir egal. Um genau zu sein, tänzelte ich absichtlich ein wenig provozierend umher.

Ich hatte vor, das lange rote Kleid mit dem tiefen Ausschnitt und dem schenkelhohen Schlitz im Rock zu tragen, zusammen mit der sehr dünnen, dazu passenden Unterwäsche. Es fand Nello Tontinis Billigung. Das wusste ich von dem Dampf, der durch das Loch nach oben stieg. Ich hatte eben noch Zeit, in ein Paar Schuhe zu schlüpfen, etwas Lippenstift aufzulegen, die Dauerwelle aufzulockern und die Kerzen anzuzünden, als es an der Tür klopfte.

Wie zu erwarten, war es der Commissario. Er taumelte, als er mich sah.

»Freda«, keuchte er, »Sie sehen anders aus.«

»Das ist mein Haar«, erwiderte ich. »Ich war beim Friseur.«

Er trat ein, und sein betörender Duft überwältigte mich. Der schwelende Blick in seinen dunklen Augen verriet mir, dass ich nicht enttäuscht werden würde. Er trug einen schicken schwarzen Anzug und ein rosa Hemd mit offenem Kragen. Er überreichte mir eine Schachtel Pralinen.

Im Salon konzentrierten sich Pierino und Gloria angestrengt auf ihr Liebesspiel auf der Sofalehne. Sie hatte das Gefieder gesträubt, und er putzte es sanft. Ich stellte die Musik an, und der brasilianische Samba schien ihnen zu gefallen. Vielleicht erinnerte er sie an zu Hause.

»Tanzen?«, fragte ich den Commissario.

Und wir begannen uns zu bewegen, wobei wir uns manchmal eng umschlungen hielten – sein Körper war hart und kräftig und warm – und manchmal, wenn die Musik es diktierte, auf Armeslänge, und wirbelten und drehten uns zur Musik. Ich muss sagen, der Commissario war ein ausgezeichneter Tänzer – für einen Mann von seiner Größe war er sehr flott auf den Beinen, und er besaß ein natürliches Rhythmusgefühl. Als wir schließlich zum Stehen kamen, atemlos und lachend, fiel mir auf, dass die Papageien ihr Geturtel unterbrochen hatten und uns erstaunt ansahen.

Jetzt, nachdem das erste Eis gebrochen war, plauderten wir leichthin über die Arbeit, das Wetter, die Strapazen des Großstadtlebens in der Sommerhitze. Ich schenkte ihm ein Glas Wein ein. Das Essen war fast fertig.

Bei Kerzenlicht servierte ich den ersten Gang, *maccheroni all'arrabbiata*, und ich sah gebannt zu, wie sich der Commissario den ersten Bissen zum Mund führte. Bald traten ihm die Tränen in die Augen, und seine Nase begann zu laufen.

»Es ist«, keuchte er, »sehr« – und dann begann er zu husten und beeilte sich, einen Schluck Wein zu nehmen – »gut«, brachte er stotternd hervor. »Scharf« – ein Keuchen – »genau, wie ich« – ein Krächzen – »es mag.«

»Ich mag es auch gern scharf«, sagte ich, wobei ich ihm tief in die Augen sah und mir gleichzeitig demonstrativ die Lippen leckte. Jetzt war es an mir, das Gericht zu kosten. Ich steckte mir einen Bissen in den Mund und verspürte augenblicklich ein höllisches Brennen, als er auf meiner Zunge explodierte, mein Zahnfleisch in Brand setzte und meine Kehle verbrühte.

Ich rannte in die Küche, spie in den Abfalleimer und steckte meinen Kopf mit offenem Mund unter den Wasserhahn.

Der Commissario folgte mir. »Alles in Ordnung?«, fragte er. »Kann ich Ihnen ein Glas bringen?« Er trat an den Küchenschrank und nahm eines herunter (er schien genau zu wissen, wo alles war, aber schließlich hatte er die Wohnung ja schon einmal gründlich durchsucht). Während ich versuchte, meine brennende Kehle abzukühlen – jetzt wusste ich, wie es einem Feuerschlucker-Lehrling ergehen musste –, blätterte der Commissario mit einem Lächeln auf seinen von Chili brennenden Lippen im *Aphrodisischen Essen* herum.

»Ich denke«, sagte er mit einer seltsam erstickten Stimme, »wir sollten gleich zum Hauptgang übergehen.«

Ich öffnete den Ofen und griff nach den Aalen. Ihre hervorquellenden Augen sahen mich vorwurfsvoll an. Ich konnte spüren, dass der Commissario dicht hinter mir stand, und die Luft zwischen unseren beiden Körpern knisterte vor Spannung.

Ich ließ den Commissario den Salat ins Zimmer tragen und folgte selbst mit den Aalen.

»Mmmmm, Freda, die sind ja wundervoll«, sagte er mit vollem Mund. »Wissen Sie, irgendwo habe ich einmal gelesen, dass Aale ein potentes Aphrodisiakum sind.«

»Tatsächlich?«, erwiderte ich. »Das habe ich gar nicht gewusst.«

Ob es stimmte oder nicht, sie schmeckten jedenfalls köstlich, und bald hatten wir alle aufgegessen.

Das Licht draußen begann zu schwinden, und im Zimmer stieg langsam die Temperatur. Der Commissario zog sich sein Jackett aus, wobei er noch mehr von seinem verführerischen Körpergeruch verströmte. Irgendwie verschwand der Wein aus beiden Flaschen.

Wir gingen zum Obst über, und der Commissario fütterte mich über den Tisch hinweg mit einem Nektarinenschiffchen. Ich öffnete die Lippen und gestattete ihm, es mir in den Mund zu stecken. Es war eine vollkommene Frucht, so

saftig und weich, und sie tat meiner geschwollenen Zunge so gut. Etwas von dem Saft rann über meine Lippen und tröpfelte auf meinen Brustansatz hinunter.
»Darf ich?«, murmelte der Commissario.
Er kam herüber und kniete sich neben mich und begann, die glitzernde Saftspur abzulecken. Als seine Zunge meine Haut berührte, schoss ich unwillkürlich hoch. Es war die erotischste Erfahrung meines ganzen Lebens. Dann lehnte ich mich mit Hingabe auf meinem Stuhl zurück und ließ den Commissario jede Stelle entblößten Fleisches lecken (ich muss gestehen, dass ich sogar versuchte, noch mehr zu entblößen, indem ich verstohlen an meinem Kleid zog). Oft stieß ich vor Entzücken ein leises Stöhnen und Kreischen aus – ich konnte mich nicht beherrschen. Ich kam mir vor wie ein Kontrabass, wenn seine allertiefsten Töne gespielt werden. In meiner Lendengegend wurde eine Saite – eine volltönende – angeschlagen, sodass ich schwankte. Ich griff nach dem Kopf des Commissario und zog seinen Mund zu meinem hin. Wir begannen uns so leidenschaftlich zu küssen, dass mein Stuhl nach hinten kippte und wir mit einem Knall zu Boden fielen. Gott sei Dank wurde keiner von uns verletzt, und wir konnten darüber lachen.
Um den Augenblick nicht zu verlieren, stieg ich rasch auf ihn, nahm sein Gesicht zwischen meine beiden Hände und presste meine Lippen hart auf seine. Oh, seine Küsse waren elektrisierend! Ich musste so viele davon haben. Alle. Ich wollte, dass sie niemals aufhörten. Es war alles so drängend. Ich wurde von einer Raserei erfasst, die ich mir bis zu diesem Augenblick niemals hätte vorstellen können.
Ich wusste, dass ich ihm seine Kleidung ausziehen musste. Und ich musste sie ihm sofort ausziehen. Es konnte nicht

länger warten. Ich riss ihm sein Hemd vom Leib, dann kämpfte ich mit seiner Hose, wobei ich mit einer wilden Entschlossenheit um mich schlug und fuchtelte, die er witzig fand.

Ich riss mir selbst das Kleid vom Leib, sodass eine Wolke von Pailletten klimpernd in die Luft hochflog, und unbehindert durch den langen Rock konnte ich die Unterwäsche des Commissario besser in den Griff bekommen.

Schließlich war er nackt, und ich richtete den Blick fest auf ihn. Sein Pimmel war das Wundervollste, was ich je gesehen hatte. Er war zweimal so groß wie Ernesto Porcinos, und ich konnte es nicht mehr erwarten, seine Freuden auszukosten.

Ich streckte die Hand danach aus. In genau diesem Augenblick wurde ein Schlüssel in der Wohnungstür gedreht. Wenn es Nello Tontini war, dann würde ich ihn mit einer Axt erschlagen. Dann begann Pierino wie verrückt zu kreischen und mit den Flügeln zu schlagen.

»Papa!«, schrie er. »Papa ist nach Hause gekommen!«

Danksagung

Ein großes Dankeschön an:

Den inspirierenden Roger Gillman und das Personal bei
Gillman's Bestattungsdienst
Die unvergleichliche Julia Serebrinsky
Das unerschrockene Duo, Jean Naggar und Jennifer Weltz
Den unglaublichen Christopher Prior

»Üppig und überbordend erzählt. Ein sinnliches Erlebnis.« MARIE CLAIRE

Lily Prior
LA CUCINA SICILIANA
ODER ROSAS ERWACHEN
Roman
BLT
256 Seiten
ISBN-10: 3-404-92155-0
ISBN-13: 978-3-404-92155-3

Wer sagt denn, dass eine Bibliothekarin nicht sinnlich sein kann? Rosa Fiore bringt ihre Leidenschaft zum Kochen:
»Eine Liebeserklärung an Sizilien, das Essen, Familie, die Mafia, Sex und Leidenschaft. So erfrischend wie und doch ganz anders (schärfer und stärker) als *Bittersüße Schokolade* wird dieses Buch das Herz des Lesers zum Pochen bringen: erotisch, sinnlich und köstlich für Frauen und Männer.« BOOKSELLER

»Lily Priors Debüt ist ein prima Beispiel dafür, dass auch Lektüre durch den Magen gehen kann (...). *La Cucina Siciliana* macht Spaß, und wer die Rezepte nachkocht, kann das Vergnügen beliebig verlängern.« BRIGITTE

BLT